서울
리뷰
북스

Seoul
Review of
Books
2023 여름

10

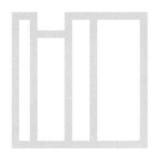

모든 작가는 베스트셀러를 꿈꾼다. 안타깝게도 극소수만이 이 꿈을 이룬다. 엄청난 성공에 대해서는 관심과 찬사만큼이나 질시와 의혹도 따른다. 도대체 그 책은 얼마나 재밌길래 그렇게 잘 팔리는 것일까. 무슨 심오한 내용을 담고 있을까. 출판사가 어떻게 홍보를 한 걸까.

우리는 다섯 권의 베스트셀러를 가져다 놓고 이런 궁금증을 조금이나마 풀어 보고자 했다. 세상에 완벽한 책은 없으며, 베스트셀러 역시 마찬가지다. 단순한 찬양이나 매도가 아니라, 이 책들이 어떤 면에서 대중의 관심을 끌 만했는지 하지만 어떤 점에서 부족했는지를 차분하게 살펴보았다.

《서울리뷰오브북스》는 편집위원 회의를 거쳐 책과 서평자를 결정한다. 종종 서평을 투고해 주는 분들이 계셨는데, 우리가 생각하는 책을 고르는 기준 혹은 서평의 내용과는 맞지 않는 경우가 대부분이어서 게재를 하지는 않았다. 이번 호에 처음으로 외부 투고 서평을 싣는다. 서경은 성소수자 주거 공동체를 다룬 『여기는 무지개집입니다』에 대한 서평을 기고했고, 그동안 편집위원회가 주목하지 않았던 주제를 골라 좋은 논의를 했기에 게재하기로 했다. 이 책과 서평을 계기로 우리에게 집과 가족이란 어떤 의미인지에 대해 더 많은 대화와 성찰이 이루어지기를 기대한다. 아울러 많은 독자들께서도 좋은 서평을 투고해 주시기를 부탁드린다.

지난 호에 《서리북》은 판형과 디자인을 바꾸었다. 원래는 본문 옆에 책 표지 사진이나 각주 등을 넣기 위해 여백을 많이 주는 폭이 넓은 판형을 선택한 것이었는데, 지나치게 여백이 많아 보이는 측면이 있었다. 보다 손에 잘 잡히는 판형, 읽기 편한 판면을 만들려는 이번 변화가 《서리북》이 독자들에게 더 친근하게 다가갈 계기가 되기를 바란다. 새로운 디자인을 고안하고 그에 맞게 책을 멋지게 꾸며 준 정재완 디자이너께 이 자리를 빌려 감사드린다.

마지막으로 이번 호에는 대담 형식으로 서평에 대한 후속 논의를 실었다. 지난 호에 나는 우리나라 대학원의 문제점과 발전 방안을 논의한 『한국에서 박사하기』에 대해 서평을 썼는데, 이 서평과 관련해서 SNS와 《교수신문》 등에 여러 가지 반향이 있었다. 이러한 논의들을 정리하고 발전시키기 위한 노력으로 책의 저자 중 한 명인 이우창과 내가 대담을 했고, 이를 정리해서 실었다. 《서리북》 창간호 서문에 홍성욱 편집장이 적은 것처럼, 《서리북》에 실리는 서평이 화제를 불러일으키고 이를 통해 우리가 다룬 책들이 보다 많은 사람들에게 읽히는 일이 늘어나기를 희망한다.

편집위원 김두얼

차례

세이노의 가르침

세이노 지음

데이원

지적 대화를 위한 넓고 얕은 지식 1

현실
채사장 지음

whale
books

"『세이노의 가르침』을 찾는 사람이
많다는 게 성공하지 못한 사람이
절대다수라는 사실의 역설적인 증명이다."
◀ 23쪽, 양승훈 「'라떼'에 대한 혐오와 '길거리 지식'에 대한
갈증 사이, 세이노의 자리」

"쌀이 밥이 되기까지 물을 붓고
뜸을 들여 안쳐야 하듯,
지식이 지성이 되기까지는
시간을 들인 사유와 숙고가
필요하다."
◀ 36쪽, 한승혜 「'요약본'으로 세상을 이해할 수 있을까」

이기적 유전자 THE SELFISH GENE

**"독자가 이 책에서 인간 이기주의의 뿌리를
이해했는지, 혹은 반대로 인간 이타성의
유전자적 원천을 이해했는지와 무관하게
이기적 유전자는 이미 하나의 밈(meme)이 되었다."**

▲ 51-52쪽, 홍성욱 「'이기적 유전자'라는 밈의 힘」

**"세상의 복잡성을
단순화하기보다는 더 잘 활용할
방법을 고민함으로써 세상의
문제를 해결하고자 하는
스토리텔링이 출판 시장에
더 등장하기를 기원한다."**

◀ 64쪽, 이창근 「유려한 이야기, 날카로운 의식,
무딘 진단과 해법」

**"너무 열광하지도 말고,
너무 의심스럽게 보지도 말자.
어렵지 않다. 우리는
'자신을 아는' 동물이니까."**

▶ 80쪽, 박한선 「아주 잘 쓰인, 그러나 '생각'해야 할」

"그 자체로 나쁜 것이 아닌 분노 그리고
여기에서 유래하는 정의감이 문제되는 이유는
쉽게 짐작할 수 있다. 나의 정의와 당신의
정의가 다르기 때문이다."

▶ 123쪽, 유정훈「생각이 다른 사람과 공존하는 하나의 방법」

정의감 중독 사회

안도 슌스케 지음·송지현 옮김

"이들은 집을 기획하고 구성원들과
조율하는 매 순간, 국가의 보호로부터
누락된 가난하고 퀴어한 서로를
반자본주의적 방식으로 돌본다는 지향을
잊지 않는다."

◀ 133쪽, 서경「'문란한 돌봄'의 세계로 초대합니다」

한 지붕 퀴어 대가족
여기는 무지개집입니다

가족구성권연구소 기획·엮음

세습 자본주의 세대   88만원 세대는 어쩌다 영끌 세대가 되었는가?
고재석 지음·우석훈 해제

"저자는 다시 한번
'문제는 부동산이었다'라고 말한다."

▲ 147쪽, 정인관「1980년대생에 대해 말한 것과 말하지 않은 것」

"니시 아마네가 백수십 년 전에 했던,
학문의 전체 체계를 세우고
분과 학문들을 그 속에 적절히 배치하는
작업은 지금도 필요하다."

▶ 163쪽, 박진호 「서양의 학술은 동아시아에서 어떻게 받아들여졌나」

그 많은 개념어는 누가 만들었을까

서양 학술용어 번역과 근대어의 탄생

야마모토 다카미쓰 지음
지비원 옮김

에멘토

"저자는 역사학자로서
선을 넘지 않는 선에서
페미니스트로서의 역할에도
진심이었던 셈이다."

◀ 174쪽, 이은경 「정말, 그녀가 그랬다고?」

에도로 가는 길

운명을 거슬러 문을 열어젖힌 이방인

에이미 스탠리
송영은 옮김

생각의힘

Woman & Culture

태권V와 명랑소녀 국민 만들기

이선옥 지음

책과함께

"『태권V와 명랑소녀 국민 만들기』는
박정희 시기 과학기술문화에 새겨진
젠더 질서를 솜씨 좋게 독해해 내는
유의미한, 그리고 현재로서는
유일한 저작이다."

▶ 188쪽, 현재환 「박정희 시기 과학기술문화에 새겨진
젠더 질서 읽기」

일러두기

1 《서울리뷰오브북스》에 수록된 서평은 직접 구매한 도서로 작성하는 것을 원칙으로 합니다.

2 《서울리뷰오브북스》에서 다루기 위해 선정된 도서와 필자 사이에 이해 충돌이 발생하는 경우,
　주석에서 이를 밝히는 것을 원칙으로 합니다.

3 단행본, 소설집, 시집, 논문집은 겹낫표「」, 신문 및 잡지는 겹화살괄호《 》, 단편소설,
　논문, 신문기사 제목은 홑낫표「」, 영화, 음악, 팟캐스트, 미술작품은 홑화살괄호〈 〉로 묶어
　표기했습니다.

4 아직 한국에 번역 출간되지 않은 도서를 다룰 경우에는 한국어로 번역한 가제와 원서 제목을
　병기했습니다.

특집 리뷰

베스트셀러를 통해 세상 보기

서울
리뷰 오브
북스

세이노의 가르침

세이노 지음

피
보다 진하게 살아라

데이원

『세이노의 가르침』
세이노 지음
데이원, 2023

'라떼'에 대한 혐오와 '길거리 지식'에 대한 갈증 사이, 세이노의 자리

양승훈

서점가에 부는 '세이노의 가르침'이라는 태풍, 공론의 무풍

"라떼는 말이야(나 때는 말이야)"라는 말이 몇 년 만에 풍화를 겪고 결국에는 '라떼'라는 단어만 남았다. 젊은 세대는 기성세대들이 자신의 자전적 경험에 빗대어 현실을 설명하는 것을 참을 수 없을 때마다 이 말을 쓴다고 한다. 농경 사회에 태어나 산업화 시대를 몸을 갈아 넣어 통과하고, 이제 정보화 시대를 넘어 4차 산업혁명을 외치는 시대에, 서로 다른 민족이거나 인종인 것처럼 여겨지는 세대 간의 소통 불가능성은 마치 정상과학에 돌입한 지식같이 느껴진다. 기성세대의 '라떼'는 타파되어야 하며, '라떼'를 싫어하는 MZ 세대를 이해해야 한다는 것은 정언 명령이 됐다.

그런데, '라떼'로 온 지면을 도배하고 있는 책 한 권이 서점을 강타하고 있다. 교보문고를 비롯한 주요 대형 서점, 그리고 알라딘, 예스24 등 인터넷 서점 모두에서 종합 베스트셀러 1위를 차지한 『세이노의 가르침』이다. 알라딘에서 제공하는 구매자 분포도를 보자면(2023년 5월 2일 기준) 독자층은 한국의 독서 인구 분포와 동일하게 20-50대에 걸쳐 종 모양(bell curve)으로 분포해 있고, 여성들

종합 베스트셀러 매대의 첫 번째 자리에 놓인 『세이노의 가르침』.

의 구매량이 남성보다 좀 더 많다. 특정 계층에게 소구하기보다 독서 대중 누구나 관심을 갖고 사는 책이라는 이야기다. 자수성가한 60대 흙수저 출신 남성의 이야기가 대체 왜 세대와 성별을 막론하고 불티나게 팔리는가?

다른 한편, 전무후무한 베스트셀러가 된 가운데, 『세이노의 가르침』에 대한 사회적 반향도, 식자층의 진지한 비평도 찾기 힘들다. 예컨대 일간지 주말판의 도서 섹션은 베스트셀러 1위가 된 책들에 대해서는 반드시 진지한 논평을 담은 서평이나 대담을 싣기 마련인데, 신문들은 『세이노의 가르침』의 베스트셀러 순위를 중계할 뿐 그런 기획을 거의 싣지 않고 있다. 그저 발견할 수 있는 것은 책과 같은 이름으로 된 《조선일보》의 정기 칼럼뿐이다. 대중적인 반응도 의아하다. 인터넷 서점의 리뷰가 아니더라도 생활인들이 주로 쓰는 네이버 블로그를 검색하면 『세이노의 가르침』에 대한 다양한 독자들의 반응을 찾아볼 수 있고, 유튜브의 인플루언서들도 책을 언급하곤 한다. 그러나 책의 판매량만큼 대단한 조회

수나 인구에 회자되는 반향은 찾기 힘들다. 숨어 있는 다수 독자의 '익숙한 것과의 결별'(구본형)이 진행 중인 걸까? 분야에 관계없이 강단의 지식인과 대중 지식인을 막론하고, 인문학·사회과학 분야 지식인들의 비평도 마찬가지로 찾기 힘들다. 지식인들은 말을 하지 않는 걸까? 혹은 지식인들이 모르는 이야기를 하기 때문에 말을 할 수 없는 것일까?

대체 왜 세이노의 책을 읽을까

질문들에 답하기에 앞서 일단 저자와 책의 줄거리를 소개하는 것이 우선이겠다. 책에 따르면, 저자 세이노는 현재 믿고 있는 것들에 대해 'No'라고 말하라는 뜻을 담은 'Say No'를 그대로 한글로 읽은 저자의 별칭이다(실명과 신상은 밝혀지지 않았다). 스스로 밝힌 바에 따르면 그는 1955년생으로 의류업·정보 처리·컴퓨터·음향 기기·유통업·무역업을 통해 돈을 벌었고, 외환 투자·부동산 경매·주식으로 자산을 증식해 2023년 기준 순자산 1천억 원을 만든 자산가라고 한다(자산에 대해서는《조선일보》가 검증했다고 한다). 한때 세이노는 가난과 보이지 않는 미래 때문에 비관해서 목숨을 끊으려고 몇 차례 시도했고, 그래서 손목에 그어진 두 개의 칼자국이 본인임을 인증하는 증표라고도 한다. 이후에는 생각을 고쳐먹고 가장 저렴한 숙소를 찾아 차고에 들어가 생활하면서 끊임없이 공부하고 별러서 부자가 됐다고 한다.

　세이노는 2000년대 초반부터《동아일보》에 칼럼을 부정기적으로 기고하기 시작해, 현재도《조선일보》의〈세이노의 가르침〉코너에 글을 쓰는 등 매체에 칼럼을 싣거나 투고를 한다. 또 자신에게 상담을 하는 독자들에게 대답하기 위해 이메일 주소를 열어 두기도 했다. 더불어 포털 사이트 다음에는 팬들이 운영하는 같

올해 1월부터 《조선일보》에 연재되고 있는 〈세이노의 가르침〉.(출처: 《조선일보》 웹사이트 캡처)

은 이름의 카페가 있고, 세이노는 이따금 현안이나 독자 혹은 카페 회원 등의 질문에 대한 대답을 담아 전체 공개로 글을 써 누구든 읽을 수 있게 했다. 이러한 카페 글과 칼럼을 묶은 것이 『세이노의 가르침』이다.

　　세이노의 글은 독하다. 온갖 종류의 욕을 상황 설명의 양념으로 활용하는 것은 물론이고, 독자나 그 외 상담을 희망하는 이들에게도 서슴지 않고 욕을 한다. 실상황에서 욕을 효과적으로 하기 위한 방법까지 알려 준다. 단지 욕 때문에 독하다 말할 수는 없다. 직설적이고 다소 위악적인 방식의 조언이 핵심이다. "돈보다 건강이 소중하다"라는 주장에 대해, 젊을 때는 건강 같은 거 챙길 필요 없다면서 한국에서 가장 큰 사망 요인이 자살이라는 것을 강조하기도 한다. 물론 이런 독한 팩트 폭격식 발언은 예전에 철학자 강신주 같은 지식인도 자주 쓰던 방식이다. 유튜브에서 인기를 누리는 수많은 인플루언서도 많이들 그렇게 한다.

　　그렇다면 굳이 세이노의 글을 읽는 이유는 무언가? 세이노의 글이 소구하는 다른 이유, 아니 독자들이 어떨 때는 꾹 참으면서까지 그의 책을 읽고 있는 이유는 대체 무엇일까? 그건 바로 구체적인 '길거리 지식'에 기초해 "어떻게 살아야 먹고살 수 있고, 부자가 될 수 있는가?"라는 '생존술'의 문제에 대해 육신을 갈아 냈던 그의 경험을 토대로 대답하고 있기 때문일 것이다.

　세이노는 학교 공부를 잘해서 전문직이 되면 큰돈을 벌 기회가 많지만(예컨대 의사, 변호사), 학교 공부를 못했어도 상관없다고 책의 모든 장면에서 강조한다. 학벌 사회인 한국에서 벌열(閥閱)에 끼지 못했으면, 괜히 근처에 얼씬거리지 말고 자신의 위치에서 일부터 똑바로 하라고 전한다. 할 수 있는 게 건설 현장 일이라면, 지게 지는 요령을 완벽하게 익히고 틈날 때마다 미장 일을 어깨너머로 익혀, 어느 날엔가는 미장 일도 할 수 있을 준비를 해야 한다는 것이다. 사무직이라면 엑셀과 파워포인트 만드는 기술을 완벽하게 하는 게 시작이다. 대체 불가능한 인력이 되기 위해서는 '근무 시간 외'를 활용하는 수밖에 없다. 젊을 때, 밤을 새워서라도 업무 지식을 습득해야 하고, '노가다 지식'이라도 쌓아야 하는데 건강을 우선시할 새가 어디 있냐고 전한다. 단 회식, 접대에 대한 그의 혐오는 그가 진짜 '일 관점'에서 이야기하고 있음을 보여 준다. 그러면서도 경험으로 얻은 디테일로 적당한 제어 역시 한다. 예컨대 자격증으로 먹고사는 직업은 연봉 테이블이 정해져 있으니 큰돈 벌려면 피하라는 조언이 그렇다.

　세이노에 따르면 사람은 스트레스를 받아 자살하고, 스트레스의 근원은 근심 걱정인데, 근심 걱정은 주어진 문제를 해결하지 못했거나 해결하지 못할 것이라는 우려에서 출발한다. 그렇다면 모든 것의 시작은 주어진 문제를 해결할 수 있는 능력을 기르는 것이 된다. 그래서 건강보다 문제 해결력이 중요하다고 한다. 건강하

고 비전 없고 무능한 가난뱅이가 되기를 과연 원하느냐고 세이노
는 집요하게 추궁한다. 부모의 재산, 본인의 학력과 학벌이 없더라
도 문제 해결력과 업무 지식이 있으면 되는데 말이다. 그는 중산층
이상에서 자라 가난을 겪지 못했던 이들에 비해, 밑바닥에서 가난
을 겪은 것이 값진 경험이라고 강조한다. "바닥 밑에 지하실이 있
다"(해결할 수 없는 절대적 빈곤 혹은 곤란함)는 표현이나, '벼락 거지'가 되
었으니 플렉스(절제하지 않는 소비)나 하자거나 '코인 대박'을 노리는
태도에 대해 그가 쌍욕을 할 것도 분명하다. 바닥에서 올라가지 못
하고 지하로 땅굴을 파고 있는 것(예컨대 히키코모리)은 순전히 문제
해결을 위해 궁리하지 않는 근성의 문제다.

　　물론 세이노가 "허투루 살지 말아라"라는 수준의 이야기만
전하는 것은 아니다. 변호사나 의사를 만났을 때 어떻게 대응해야
하는지에 대한 조언이나, 법조문을 어떻게 읽어야 손해를 보지 않
거나 사업상의 기회를 얻을 수 있는지에 대한 조언 등 정말로 경
매, 사업상 법정 분쟁(주로 건축 관련) 실무에 닳고 닳은 '빠꾸미'만 아
는 길거리 지식으로 체화되고 자산 축적으로 증명된 그의 해석은
각종 전문적 지식이 제공하지 못하는 무언가를 제공해 주기도
한다.

세이노의 길거리 지식이 작동하는 방식

이러한 '세이노의 가르침'에 대해 구조적 판단에 기댄 담론적 사
회 비평을 하는 것은 어쩌면 우스운 일이다. 신자유주의 시대의 자
기계발에 매진하는 주체의 탄생*을 짚어 내거나, 절망적 현실에 놓
인 개인들을 달달 볶아 대며 채근하는 태도를 폭력적이라 말해 봐

---

* 서동진, 『자유의 의지 자기계발의 의지』(돌베개, 2009).

라디오 방송에 출연해 첫 대면 인터뷰를 한 세이노.(출처: CBS 〈김현정의 뉴스쇼〉 캡처)

야 '세이노의 가르침'을 찾는 이들에게 아무런 가르침도, 반대로 위안도 줄 수 없기 때문이다. 오히려 이러한 길거리 지식의 역사적이거나 사회학적인 맥락을 잡아 주는 적극적인 시도가 의미 있을 것이다. 기회가 될 때마다 사회 비평을 내놓는 지식인들이 공전의 베스트셀러에 대해 진지하게 언급하지 않는 이유는 (어찌 보면 누군가에게는 다소 부당할 수도 있겠지만) 무엇일까? '세이노의 가르침'을 한 번쯤 도드라지게 지나가는 병리적 현상이거나 찻잔 속 태풍으로 보는 것이 클 것이다. 실제 다수의 자기계발서 열풍은 시간이 흐르면서 잦아들었다. 그러나 실제로 '세이노의 가르침'을 찾는 이들에게 필요한 메시지가 무엇인지를 모르기 때문에 글을 쓰지 않는다고 말할 수도 있지 않을까? 정확히는 지식의 기능이 달라서 그럴 테다.

　　이런 상황을 생각해 보자. 중학교를 졸업하는 15퍼센트의 학생이 특성화고등학교에 진학한다. 이 중 많은 숫자가 비정규직 중소 기업 하청 노동자로 커리어를 시작한다. 그들에게 어떠한 조언을 해야 할 것인가. 노동 시장의 이중 구조, 가난의 구조에 대해 날카로운 비평을 하는 사회과학자가 줄잡아 전체의 8할은 족히 넘을 것이다. 지방의 청년들이 그런 공장에서 일하다가 지쳐 서울로 떠나 비싼 주거비와 생활비 때문에 N포 세대(연애, 결혼, 출산, 내 집 마련……)가 된다는 분석에 동의하는 지식인 역시 절반이 넘을 것이다. 때로는 그들이 특정 정치인들을 지지하는 현상에 주목하여 문화 비평을 하는 지식인들도 차고 넘친다. 그런데 그 개인들에게는 어떠한 생존술을 조언해 줄 수 있는가? 물론 삶에 대한 인문학적 사유를 주는 게 큰 의미일 수도 있다. 그러나 자본주의 세계에서 개인들의 위치를 놓고 봤을 때 어떻게 연애할 수 있고, 결혼할 수 있고, 집을 살 수 있고, 아이를 가질 수 있고, 아이를 키울 수 있는지에 대한 구체적인 답을 주지는 못한다. 그저 수많은 문제를 끄집어내는 것에 그치지 않나? 물론 노동조합에 가입하고, 조직하면 된다는 주장, 정치가 바뀌어야 한다는 주장도 가능하다.* 요컨대 각자도생이 아닌 공생의 방법을 찾는 일일 테다.

　　그런데 이 지점에서 따져 봐야 할 것이 있다. 첫째로 '집단/공동체/사회의 시간'과 개인의 생애주기는 다르고 공간 감각의 편차도 크다. 때때로 급진 혁명이 벌어지는 것이 아니라면, 전자의 시간보다 후자의 시간이 훨씬 빠르게 흐른다. 행정학의 개념을 따르자면 '기회의 창'이 수시로 열려야만 개인의 생애주기를 따라잡을 수 있다. 공공 주택을 100만 호 짓는 계획이 '패스트트랙'으로 발표되더라도 그사이에 청년 개인이 개발 계획-부지 선정-청약 당첨-(……)-입주까지 모두 잡기는 불가능에 가깝다. 그사이에 연애-결혼이 와해될 수도 있다. 다른 한편 첨단 글로벌 도시 서울을 비

---

* 김어준의 『닥치고 정치』(푸른숲, 2011)를 예로 들 수 있다.

롯한 수도권과 그 바깥의 감각 차이도 있다. 서울이 아닌 지방 소도시에서 사는 청년이라면, 디지털 사회의 메트로폴리탄 라이프 관점에서 조언하는 '세련된 동기부여 저자'들의 자기계발 담론 자체가 의미 없을 수도 있다. 그래서 오히려 이들에게는 다소 낡고 투박한 잔소리 같아 보이지만 확실한 메시지를 주는 '세이노의 가르침'이 먹히는 것은 아닐까.

두 번째로, 애초 사회적 해법은 통계적으로 이야기하자면 사회적 평균을 높이고 편차(격차)를 줄이자는 주장에 가깝기에 개인에게 주는 조언으로 작용하기 어렵다. 거시적으로 사회를 보는 지식인들은 자영업을 시작하는 이들이 '개미지옥'에 빠졌다고 하지만, 그들 중에서도 분명히 성공 사례는 나온다. 음식의 레시피와 서비스의 품질을 개선하는 것, 시장의 미묘한 틈새를 찾는 것, 보증금 떼이지 않고 장사하는 법까지 수많은 방법론이 있다. 백종원을 찾는 이유가 무엇인가. 누적된 길거리 지식들이 모두 사회의 격차를 키우거나 평균을 떨어뜨리는 것도 아니다.

게다가 '세이노의 가르침'은 일종의 상식처럼 미디어가 주목하고 주류화하는 특정한 에토스에 기대는 방식과도 거리를 둔다. 예컨대 시험공부를 잘해서 공공 부문이나 대기업에 정규직으로 취업하거나, 전문직이 되어 선망 직장의 성채에 들어가 서울 부동산에 진입하는 것을 표준 경로로 설정하고, 거기에 끼지 못하는 삶을 어딘가 흠이 있거나 앞으로의 진로가 불확실한 방식으로 묘사하는 태도 말이다. 그러한 에토스에 기댄 표현 안에서 중소기업 직원, 플랫폼 노동자, 비정규직 노동자, 자영업자 모두가 가질 수 있는 전망을 (〈생활의 달인〉 같은 프로그램을 제외한다면) 미디어는 보여 주지 않는다. 세이노는 선망 직장에 들어간 이들이 아닌 나머지 개개인의 생존술을 길거리 지식으로 전달하는 셈이다.

'세이노의 가르침'을 받는다고 해결되지 않는 것

물론 지식인이 그 사회 전반의 변화를 위한 비판적 조언을 하는 것 자체도 큰 의미가 있다. 그럼에도 지식인이 '지푸라기 잡는 개인들'에게 무슨 말을 해줄 수 있느냐는 질문은 사라지지 않는다. 공정하고 평등(합쳐서 공평)한 세계에 대해서 무언가를 말하는 지식인들도 계급론적으로 혹은 기회구조 관점에서 살필 경우 이미 높은 문화자본과 사회자본 속에 있는 것이 사실이다. 결과적으로 '세이노의 가르침'을 구하는 이들에게 한가한 소리를 하는 게 아니냐 반문을 듣게 되는 것 역시 피하기는 어렵다. 이 지점에서 '라떼'를 싫어하면서도 길거리 지식 자체에 대한 갈증으로 '세이노의 가르침'을 구하는 독자들에 대한 그림을 그릴 수 있는 것이다.

그럼에도 불구하고 부자가 되기 위한 방법이라는 실용적 관점에서 볼 때도 '세이노의 가르침'에 등장하는 몇 가지 잘 보이지 않는 구멍은 지적할 필요가 있을 것 같다. 먼저 책은 종잣돈을 모으기 위한 준비에 대해서는 나름의 노하우를 전달하고 있으나, 종잣돈이 퀀텀 점프해서 큰 자산을 형성하는 과정에 대해서 별다른 언급이 없다. 물론 수많은 재테크 도서의 경구인 절약이라는 소비 차원의 조언에 대해 피로감을 느끼는 독자들에게 30대까지의 일에 대해 집요하게 공부하여 노하우를 쌓고 담당 분야의 전문가가 되라는 말은 소구하는 바가 있다. 특히 그 분야라는 게 거창한 전문 지식이 아닌 정말 일 관점의 주장이라는 것은 그 자체로 의미가 있다. 당연히 종잣돈이 갑자기 팽창하는 경우는 없고 그 역시 복리의 법칙을 믿고 굴릴 때 큰 자산으로 돌아오는 것이기에 그럴 수도 있다. 혹은 종잣돈이 일정 수준이 되었을 때 개인적으로 '세이노의 가르침 2편'의 이야기를 들을 수도 있을 테다. 그럼에도 막상 본격적인 게임인 자산 증식이 책에서는 빠졌다는 사실은 책의 실용적 효과를 반감한다.

　두 번째로 인간이 꼭 부자여야 하는가에 대한 질문 역시 내려 놓기 힘들다. 물론 세이노의 책이 목표하는 대상 자체가 부자가 되려는 이들이기 때문에 유효한 타격이 되지는 않을 것이나, 세이노의 책을 읽는 사람들 모두가 부자가 되려는 것은 아닐 수 있기 때문이다.

　마지막으로 세이노가 생각하는 거리 지식이든 다른 지식이든 배울 수 있는 능력(즉 학습 능력)이라는 것 자체가 누구나 획득하기 쉽지 않은 자산이라는 문제가 있다. 길거리 지식조차 노력으로 획득하기 어려울 수 있다. 학습 능력은 부모의 학력, 소득, 주변 환경 등 사회적 맥락 때문이 아니더라도, 애초에 개별적인 편차가 크고 그 편차가 좁혀지지 않는 경우가 많다. 세이노가 동의하지 않는 건강 문제도 당연히 학습 능력에 영향을 끼칠 수 있다. 세이노가 제안한 방식으로 성공한 사례를 나열한다면 확증 편향을 만들어 낼 수밖에 없다. 사실 수많은 사람들은 길거리 지식을 습득한다 한들, 대단한 성공을 거두기 어렵다.『세이노의 가르침』을 찾는 사람이 많다는 게 성공하지 못한 사람이 절대다수라는 사실의 역설적인 증명이다. 그런데 성공을 하든 실패를 하든 사람은 삶을 살아야 한다. 그렇기 때문에 개인의 생존술을 넘어서, 부자가 되지 않으려거나 될 수 없는 사람들의 삶의 질의 평균을 높이고 그 편차를 줄이는 노력을 많은 지식인들이 고민하고, 그러한 관점에 서서 말할 수밖에 없는 것이다.

　수많은 사람들이 좀 더 긍정적이고 바르고 좋은 말 대신 '세이노의 가르침'을 찾는 현상은 궁극적으로 스스로가 아무것도 가지지 못했다고 느끼는 이들에게 개처럼 벌지 않고도 잘 살 수 있는 방법을 이야기해 주는 스승을 찾기가 어렵다는 사회적 사실을 반영한다. 언제든 그렇지만 삶을 영위하기 위한 기술 그 자체는 중요하다. 『세이노의 가르침』을 읽는 사람들을 외면하거나 이상하다 생각하거나 꾸짖기보다, 그 배경을 살펴볼 필요가 있다. 더불어 세이노의 길거리 지식과는 다른 방식으로 평범한 일상을 사는 사람들의 가려운 데를 긁어 주는 지식 생산이 무엇인지에 대한 질문이 남는다. **서리북**

양승훈
서울 출생. 경남 거제의 조선소에서 5년간 사무기술직으로 일했고, 마산의 경남대학교 사회학과 교수로 7년째 연구하고 강의한다. 동남권 산업 도시의 제조업 엔지니어와 청년들을 만나며 연구하고 있다. 산업 도시 거제와 조선 산업을 다룬 『중공업 가족의 유토피아』를 썼다. 연구자로서 필요한 책과 논문, 직장인 독서가의 마음으로 재미나게 읽는 책들 가운데 무엇을 읽을지 갈팡질팡한다.

📖 청년 세대를 향한 '세이노의 가르침'과 유사한, 좀 순한 맛의 길거리 지식을 음미해 보려면 숯불고기집 사장을 하면서 글을 쓰는 김대영의 이 책을 참조해 볼 수 있다. 지인에게 작은 돈이라도 빌렸는데, 혹시 약속한 날짜에 갚기 어렵다면 무엇부터 해야 신용 불량을 면할 수 있을까? 잘 모르는 분야에 뛰어들었을 때 어느 수준에서 얼마나 일을 배워야 쓸 만한 수준이 될까?

"고속도로라면 가장 많은 사람들이 가장 빠르게 이동하도록 하는 목적에 충실해야 합니다. 하지만 우리 사회가 암묵적으로 생각하는 최적화 루트는 그렇지 않습니다. 그 길은 간단히 말하면 '시험을 통한 출세'의 길이라 할 수 있지요. 명문대를 졸업해 전문직 자격증을 따는 루트, 그게 아니라면 공무원이나 대기업 정규직이 되는 루트입니다. 길목마다 시험이 있습니다. 시험공부는 모든 사람, 보통 사람을 위한 길이 아닙니다. 하지만 웬일인지 부모님과 선생님들은 우리가 그 길에 매달려야 한다고 말해 왔죠. 사회 지도층 인사들도 종종 '청년들이 공무원 시험에 올인하는 사회에는 희망이 없다'고 이야기합니다만, 집에 가서 자기 자녀에게는 전문직 자격증 공부를 시켰을 겁니다." — 책 속에서

『성공이 뭔지 몰라도 일단 성공하고 싶다』
김대영 지음
생각의힘, 2019

📖 천억 원대 부자가 아니라도, 부자가 되고 싶다는 사람들의 심리가 궁금하다면 투자를 하려고 매매방에 모인 전업 투자자들을 관찰한 문화기술지(ethnography)인 이 책을 읽어 보는 게 도움이 될 테다. 특히나 최근 'FIRE(조기 퇴직)'하겠다는 이들의 심리, 그리고 그게 되지 않는 이유가 궁금하다면 이 책은 아주 좋은 참조가 된다.

"주식의 노예가 된 삶이란, 자신이 주식을 수단으로 활용하는 것이 아니라 주식에 내가 이끌려 다니는 삶이기 때문이다. 개인 전업 투자자들에게 경제적 자유란 '내가 주인이 되는 삶'을 위한 수단으로 추구하는 것이라는 점을 (……) 살펴본 바 있다. '주식의 노예'가 된 삶은 바로 이 목적과 수단이 전도된 불행한 삶의 형태다."— 책 속에서

『개미는 왜 실패에도 불구하고 계속 투자하는가?』
김수현 지음
민음사, 2021

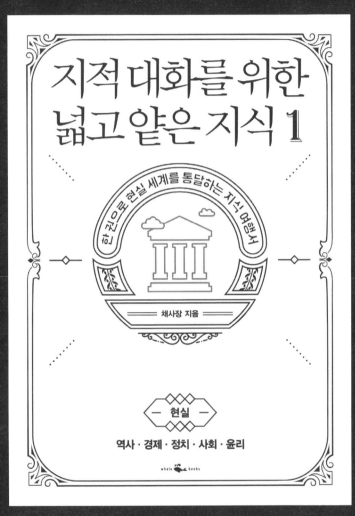

『지적 대화를 위한 넓고 얕은 지식 1』
채사장 지음
웨일북, 2020

'요약본'으로 세상을 이해할 수 있을까

한승혜

시대의 거울, 베스트셀러

베스트셀러의 인기 요인 및 출판계의 양극화 현상을 다룬 책 『제가 한번 읽어보겠습니다』(2020)를 쓰던 2019년 당시, 어떤 도서를 중점적으로 살필 것인가에 대한 고민이 있었다. 시중의 수많은 베스트셀러를 모두 다룰 수는 없었기 때문이다. 고심 끝에 교보문고 집계량을 기준으로 최근 5년간 가장 많이 팔린 도서 위주로 이야기하기로 정했다. 다만 교양서나 에세이 등에서 분위기가 비슷하거나 내용이 다소 중복되는 책들은 제외하고, 문학의 경우 작가에 대한 선호도를 감안하여 기간 내 작가별 작품 판매량을 합산한 뒤 판매량이 높은 순서대로 해당 작가의 최근 작을 살펴보기로 했다. 그렇게 28권의 베스트셀러를 추렸다.

『지적 대화를 위한 넓고 얕은 지식』(이하 『지대넓얕』)은 위와 같은 베스트셀러 선정 과정에서 아슬아슬하게 탈락했던 책이다. 이 책은 2019년 당시에도 이미 누적 판매 부수 100만 부 이상을 기록한 초특급 베스트셀러였다.* 2014년 12월 발행으로 최근 5년

* 2014년 한빛비즈에서 출판되었다가 이후 웨일북에서 개정판으로 출간.

이내 출간이라는 기준에도 부합했다. 다만 비문학의 경우 문학에 비해 조금 더 유행을 탄다는 점, 그러한 트렌드가 굉장히 빠르게 바뀐다는 점을 고려하지 않을 수 없었고, 비교적 1-2년 사이의 따끈한 신간 쪽에 중점을 두다 보니 순위에서 밀렸던 것이다. 그때만 하더라도 미처 몰랐다. 2023년인 지금까지 이 책이 여전히 베스트셀러에 자리하고 있을 줄은.

　　일종의 시리즈물인 『지적 대화를 위한 넓고 얕은 지식: 제로편』이 2019년 출간되어 이듬해 종합 베스트셀러 5위를 차지하더니, 2020년에는 『지대넓얕』 1, 2권의 개정증보판이 현실 편과 현실 너머 편으로 각각 출간되었다. 개정증보판 두 권 역시 그해 종합 베스트셀러 40위에 올랐다.* 원고를 위해 이번에 새롭게 구입한 책은 2022년 7월 10일 발행본으로 무려 92쇄다. 대부분 책이 초판도 미처 소진되지 못한 채 잊히고 마는, 1만 부만 넘겨도 훌륭한 성적이라고 하는 요즘 출판계의 현실을 생각할 때, 그야말로 엄청난 히트작이 아닐 수 없다. 언론에 보도된 바에 따르면 2020년까지의 누적 판매 부수가 무려 200만 부를 돌파했다고 한다.** 출간 이후 이렇게 오래도록 인기를 유지하는 책은 매우 드물다.

　　흔히 베스트셀러를 두고 시대의 거울이라고들 한다. 시대별로 많이 팔리는 책을 살펴보면 세태나 대중의 분위기를 감지할 수 있다는 뜻이다. 애초에 『제가 한번 읽어보겠습니다』를 쓰게 된 목적 역시 이러한 대중의 욕망이나 시대의 욕구를 파악하고자 함이었으며, 『지대넓얕』이 『제가 한번 읽어보겠습니다』에 실리지 않

---

* 교보문고 기준.
** 강지윤, 「유튜브로 돌아온 '지대넓얕' 저자 채사장 "유튜브에서 그냥 놀아보려고요"」, 《스포츠서울》, 2020년 7월 9일자.(https://www.sportsseoul.com/news/read/932437?ref=naver)

교보문고 광화문점 정문 입구. 비가 오는 날임에도 많은 사람이 오가고 있다.
(출처: flickr.com)

았던 이유도 실은 그와 같은 트렌드에 부합하지 않는다는 판단 때
문이었다. 하지만 요즘 추세를 보면 그때 내린 판단이 잘못되었음
을 인정해야 할 듯하다. 『지대넓얕』은 한때의 유행에 휩쓸려 반짝
뜨다가 져버린 수많은 책 중 한 권이 아니라, 오늘날 독자의 요구
에도 여전히 부응하는 콘텐츠가 되었기 때문이다.

　　이쯤 되면 대체 이 책의 특별한 점이 무엇인지 궁금해지지 않
을 수 없다. 세월을 뛰어넘어 10년 가까이 대중의 사랑을 줄곧 받
을 수 있었던 비결은 과연 무엇일까? 대중의 지적 대화를 향한 욕
구? 지식인에 대한 동경? 지식 자체에 대한 갈망? 그런 의미에서
『지대넓얕』을 다시 한번 살펴보려 한다. 현재까지 역사, 경제, 정
치, 사회, 윤리 등의 현실 문제를 다룬 1권(현실 편)과 철학, 과학, 예
술 등에 집중한 2권(현실 너머 편), 사상과 우주, 종교에 집중한 제로
편까지 총 3권의 시리즈물이 나온 상태지만 지면 관계상 이 글에
서는 1권만 다룰 것이다.

'지적 대화'란 무엇인가

모름지기 세상에 호평만 존재하는 콘텐츠란 없는 법. 특히 수많은 대중에게 노출된 흥행작일수록 비판이나 악평 또한 늘어나기 마련이다. 『지대넓얕』 또한 예외가 아니어서 다양한 비판을 들었는데, 특히 제목에 대한 거부감이나 불쾌감에서 비롯된 의견이 많았다. 인류의 고통을 살피고 행복을 도모하기 위한 목적으로서 추구해야 마땅한 지식을 한낱 지적 허영심을 채우기 위한 도구로 취급했다는 것이 주된 이유였다. 관련하여 문화평론가 문강형준은 인문학을 상품화하고 대중화하는 이와 같은 흐름은 인문학의 본질인 성찰과 비판의 태도를 망가뜨리는 반인문학적 태도의 궁극적 표상이라고 지적하기도 했다.*

그러한 비판이 타당한가를 논하기에 앞서 우선 지성이 무엇인가에 대해 짚고 넘어갈 필요가 있다. 흔히 사람들은 아는 것이 많고 똑똑한 사람을 두고 '지적' 혹은 '지성적'이라 칭하곤 한다. 하지만 단순히 아는 것이 많다고 '지적'이라 표현하는 것이 맞을까? 올해 초등학교 4학년인 나의 아들은 잡다한 지식이 담긴 책을 즐겨 본다. 세계에서 기네스 기록을 가장 많이 보유한 사람이라거나, 사람이 숨을 참고 버틸 수 있는 최장 시간 등 평범한 사람들은 알지 못하는 소소한 정보를 많이 알고 있다. 그러나 이를 두고 아들에 대해 '지적'이라 표현하기에는 뭔가 부족하다. 어딘지 미묘하게 어긋나는 느낌이 든다. 그렇다면 시험에서 좋은 성적을 거두어 명문대에 진학한 사람은 어떨까. 그는 지적인가, 아닌가. '지적인 사람'은 과연 어떤 사람인가.

---

* 문강형준, 「'지대넓얕'의 표상」, 《한겨레》, 2015년 5월 1일자.(https://www.hani.co.kr/arti/opinion/column/689424.html)

본래 지성의 사전적 의미는 "지각된 것을 정리하고 통일하여, 이것을 바탕으로 새로운 인식을 낳게 하는 정신 작용"이다. 또는 "새로운 상황에 부딪혔을 때 맹목적이거나 본능적 방법에 의하지 아니하고 지적인 사고에 근거하여 그 상황에 적응하고 과제를 해결하는 성질"을 뜻하기도 한다.* 즉 '지적'이라는 것은 단순히 지식의 보유 유무를 떠나 사안을 복합적으로 바라보며 어떠한 현상에 대해 고차원적으로 생각하고 행동하는 능력이 있다는 뜻이다. 요리로 비유하자면 지식은 일종의 재료이며, 지성은 그와 같은 재료를 다듬고 손질하고 배합하여 하나의 요리로 만들어 낼 수 있는 능력이라 할 수 있겠다. 같은 선상에서 '지적 대화'란 이처럼 고차원적으로 사고하고 행동하는 능력을 지닌 사람들끼리 나누는 대화, 말하자면 지성이 내재된 대화를 의미할 것이다.

그렇다면 사람들은 왜 지적 대화를 원하는 것일까? 뻔한 소리겠지만 지적인 사람처럼 보이고 싶다는, 지적인 사람이 되고 싶다는 욕망일 것이다. 아름답고 강인한 육체와 마찬가지로 뛰어난 두뇌, 높은 지성은 늘 선망의 대상이 되어 왔다. 그렇다면 지적 대화를 위해 필요한 지성은 어떻게 함양할 수 있을까? 또, 타인으로부터 선망과 존경의 대상이 된다는 것 이외에 어떤 효과를 누릴 수 있나? 『지대넓얕』은 본질적으로 이러한 질문에서 출발한다. 지성이란 무엇인지, 그러한 지성은 어디서 어떻게 갖출 수 있는지, 그리고 가장 중요하게는 어째서 우리는 지적인 대화를 해야 하는지. 이에 대해 저자는 다음과 같이 말한다.

---

* 국립국어원 표준국어대사전에서 검색.(https://stdict.korean.go.kr/search/searchView.do?word_no=484635&searchKeywordTo=3)

풍요로움과 편리함만으로 삶을 살아갈 수는 없다. 인간은 삶의 의미
와 가치를 이해하기 위해 타인을 만나고 위로받아야 한다. (⋯⋯) 그
리고 이러한 대화가 이루어지기 위해서는 서로 기본적인 공통분모
를 공유해야 한다. 개인적이고 깊은 전문 지식으로는 가능하지 않다.
최소한의 공통분모로서 교양을 공유해야만 한다. 교양은 인문학적
인 배경을 의미하며, 구체적으로는 역사, 경제, 정치, 사회, 윤리 등에
대한 기본적인 이해를 의미한다.(194쪽)

제목의 '지적 대화'가 논란의 중심이 되는 한편, 책이 지금과
같은 밀리언셀러가 되는 데 상당히 기여했음을 부정할 수는 없을
것이다. 마치 이 책을 읽음으로써 나도 지적인 사람이 될 것 같은,
미디어에 등장하는 잘나가는 지식인들처럼 무언가에 대해 그럴듯
하게 이야기할 수 있을 것 같은 기대감. 저자 역시 이러한 부분을
염두에 두었는지 지적 대화에는 단순히 지적 허영심을 충족하는
것 이상의 중요한 의미가 있음을 강조한다. 삶의 의미를 획득하고,
우리가 발 딛고 살아가는 세상을 더 정확히 이해하기 위해서는 반
드시 지적 대화가 필요하며, 또한 그러한 지성을 바탕으로 타인과
교감하고 교류하기 위해서는 인문학적 배경을 바탕으로 한 교양
이 공유되어야 한다는 데까지 나아간다. 삶의 의미가 없다면 살아
갈 이유 또한 없으므로 이는 가벼워 보이는 제목과는 달리 지성이
살아가는 데 필수적이라는 의미에 다름 아니다.

　그러니까 『지대넓얕』은 '지식을 한낱 도구화 혹은 상업화한
다', '인문학 장사다' 같은 세간의 비판과 다르게, 적어도 표면적으
로는 삶에 있어 지성의 필수 불가결함을 주장하며 그러한 목적으
로 쓰인 책이라 할 수 있다. 그런 의미에서 제목에 대한 비판, 대중
의 지적 허영심을 이용해서 인문학을 상업화한다는 지적에 대해

서는 어느 정도 참작할 여지가 있을지 모르겠다. 모든 글은 어쨌거나 읽히는 것을 목적으로 쓰였고, 읽히기 위해서는 마케팅이나 홍보, 그 과정에서 어느 정도의 포장이나 과장도 필요하기 때문이다. 정직하게 "내가 발 딛고 살아가는 세상을 이해하기 위해서 알아야 할 기초 교양"이라는 제목을 붙였다면 아마도 지금과 같은 메가히트작은 못 되었으리라.

제목의 본질적 모순

그렇다면 내용적 측면에서 실제로 책을 쓴 의도에 맞추어 그에 필요한 지식을 전달하고 있는지 살펴보자. 우선 저자는 우리가 살아가는 현대 사회의 기본 구조를 역사, 경제, 정치, 사회, 윤리라는 다섯 개 부분으로 나누어 설명한다. 얼핏 거창하게 느껴지지만 사실 고등교육을 이수한 사람이라면 대개 알고 있을 법한 기초적인 내용이다. "시간이란 흘러가는 것"이라는 기본적인 명제에서부터, 역사가 원시 공산 사회부터 현대에 이르기까지 다섯 단계로 나뉜다거나, 경제 체제는 공산주의와 자본주의, 후기 자본주의와 신자유주의로 분류할 수 있다는 등의 이야기가 등장한다. 수학으로 치면 사칙연산, 영어로 따지면 알파벳이라고 할 수 있을 정도의 기본적인 지식이다. 그렇기에 무언가 새롭고 의미 있는 성찰을 기대하며 이 책을 집어 든 독자가 있다면 자칫 실망할지도 모르겠다.

　　다만 흥미로운 부분은 책의 구성이라 할 수 있다. 『지대넓얕』은 명시한 바와 같이 역사, 경제, 정치, 사회, 윤리라는 5개의 부로 나뉘는데, 이 부는 다시 7-10개의 작은 장으로 이루어지고, 장마다 '중간 정리'와 '최종 정리'가 등장한다. 또한 본문 중간중간 손글씨를 곁들인 도표나 알아보기 쉬운 장표가 곁들여져 있다. 중요한 지

역사를 다룬 1부를 요약정리하는 '중간 정리' 장.
(출처: 『지적 대화를 위한 넓고 얕은 지식 1』, 64-65쪽, 웨일북 제공)

점은 별표를 치거나 형광펜을 긋듯이 여러 번 반복해서 강조하기도 한다. 한마디로 일반적인 교양서보다는 마치 입시를 대비하기 위해 만들어진 참고서나 수험서 같달까? 읽다 보면 지금 내가 인문교양서를 읽는 중인지, 수험을 위한 강의를 듣는 중인지 혼란을 느낄 정도다.

어쩌면 제목 다음으로 책이 인기를 끈 핵심 비결이 바로 이것일지도 모른다. 마치 입시학원 일타 강사와도 같은 족집게 강의, 귀에 쏙쏙 들어오는 핵심만 짚은 해설, 쉽고 간단한 요약정리. 시험 마지막 날 그간 공부한 내용을 최종 점검하는 듯한 반복과 집중. 할 일과 볼 것과 읽을 것이 넘쳐나는 현대 사회에서, 내게 필요한 지식과 교양을 알맹이만 쏙쏙 집어 일목요연하게 정리하여 떠먹여 준다니 이보다 더 편한 일이 있을까. 『지대넓얕』의 인기가 세월이 흘러도 여전히 유지될 수 있었던 데에는 이와 같은 '요약본'에

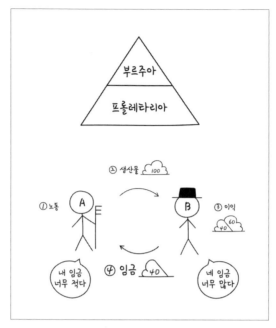

자본가와 노동자의 관계를 설명하는 대목에 삽입된 삽화들.
(출처: 『지적 대화를 위한 넓고 얕은 지식 1』, 62-63쪽, 웨일북 제공)

대한 대중의 수요가 있었다.

　　이러한 대중의 요구 및 '넓고 얕은 지식'이라는 제목에 걸맞도록 저자는 방대한 지식을 간단하게 정리한다. 그와 같은 과정에서 단순화는 필연적이다. 5천 년에 걸친 세계사의 방대한 기록은 약 80페이지에 걸쳐 매우 간략하게 서술되며, 수많은 요소가 얽히고설킨 복잡다단한 현대의 경제 문제 또한 자본가와 노동자의 대립이라는 간단한 정리로 귀결된다. 정치와 사회, 윤리적 측면에서도 세상은 『지대넓얕』과 같은 책을 읽음으로써 자신의 위치를 명확히 인지한 '깨어난 시민' 혹은 언론의 편파적인 보도에 쉽게 휘말리는 '무지한 대중'이라는 두 부류로 이분화된다.

　　물론 이 세상에 완벽한 콘텐츠란 없다. 책 또한 예외가 아니어서, 마치 프레스 압착기로 누른 듯한 거친 요약과 정리는 대중 대상의 입문 교양서로서 피해 가기 어려운 태생적인 문제일 수도 있다. 단시간에 일정 범주의 지식을 전달하려면 어느 정도의 단순화 또한 어쩔 수 없는 부분일 것이다. 그렇게라도 독자들이 세상이 돌아가는 원리를 이해하고, 인문학 전반에 대한 관심이 높아지고, 스스로와 공동체를 지킬 수 있는 내면의 힘을 기르는 데 보탬이 된다면 결과적으로는 좋은 일일 테다.

요약본으로 세상을 이해할 수 있을까?

문제는 실제로 이러한 요약본이 세상을 이해하는 데, 인문학을 탐구하고 받아들이는 데 실질적 도움이 되는지의 여부에 있다. 여기에서 '지적 대화를 위한 넓고 얕은 지식'이란 제목은 다시 한번 본질적인 모순에 직면한다. 지적 대화를 위해서는 지성이 필요한데, 이러한 지성은 범주에 상관없이 일정 수준 이상의 깊이를 요구하기 때문이다. 같은 이유로 책에 실린 것과 같은 '넓고 얕은 지식'은 지성을 기르는 데 도움이 되지 않는다. 쌀이 밥이 되기까지 물을 붓고 뜸을 들여 안쳐야 하듯, 지식이 지성이 되기까지는 시간을 들인 사유와 숙고가 필요하다. 족집게 정리를 통해 암기하듯 외운 지식으로는 복잡한 응용도, 사유도 불가능하다. 따라서 '지적 대화를 위한 넓고 얕은 지식'이라는 제목부터 마치 '아이스 핫초코'처럼 모순적이며, 핵심만 짚어 내듯 정리한 본문 역시 세상을 이해하기에는 턱없이 부족하다 할 수 있다.

　　이러한 지적에 대해 '요약본'이라 할지라도 없는 것보다는 낫지 않느냐고, 무언가 수요가 존재한다는 사실은 그만큼 나름의 효용이 있다는 의미 아니냐고 주장할 사람들이 있을 것이다. 어느 정도 맞는 말이다. 요약본을 통해서도 지식을 얻는 것이 가능하다. 요약본의 전형적인 한 형태라 할 수 있는 입시학원 강의를 예로 들자면, 실제로 많은 학생들이 시험을 앞두고 '마지막 총정리' 같은 수업을 듣고 도움을 받는다. 시간은 한정되어 있고, 살펴야 할 내용은 너무도 방대하다 보니, 족집게 요약 강의를 들으면서 마지막 점검을 하는 것이다. 그리고 이러한 총정리는 일정 부분 도움이 된다. 『지대넓얕』도 비록 그 깊이는 얕을 망정 시민의 교양을 쌓는 데 일정한 도움이 되는 것은 마찬가지라는 목소리가 나올지 모른다.

　그러나 지적 대화는 입시와는 다르다. 지적 대화를 위해 필요한 지성은 글의 첫머리에 언급한 바와 같이 단순히 어떠한 지식을 암기하고 있느냐의 여부로 만들어지는 것이 아니기 때문이다. 또한 족집게 요약이나 총정리를 통해 모두가 효과를 보는 것도 아니다. 오직 기존에 어느 정도 지식을 숙지하고 있는 사람만이 그와 같은 요약본의 도움을 받을 수 있다. 평소 관련 공부를 전혀 하지 않았던 사람에게 대뜸 무언가에 대한 요약본을 들이밀고 이 대목이 시험에 나온다고 알려줘 봤자, 그에게는 그것을 시험 문제와 연결시켜 해석할 능력이 없다. 대다수의 족집게 강의는 듣고 있는 그 순간에는 마치 알 것 같은 기분이 들고 제대로 이해한 것 같은 느낌을 주지만, 뒤돌아서는 그 순간 무엇을 배웠고 자신이 무엇에 대해 알고 있는지 희미해져 버리고 마는 것이다.

　이러한 이유 때문일까? 이 책을 읽는 동안 오래전 바르셀로나에서 가우디 투어를 했던 기억이 떠올랐다. 당시 안토니 가우디에 대해 아무것도 몰랐던지라 최대한 단시간에 가우디가 만든 건축물을 효율적으로 둘러보고 싶었던 나는 가장 쉬운 방법인 가우디 투어를 신청했고, 투어 당일 가이드와 함께 6시간에 걸쳐 바르셀로나 곳곳을 돌며 가우디의 건축물을 구경했다. 당시 가이드는 가

우디의 생애와 함께 건축물의 역사, 특징, 반드시 보고 사진으로 남
겨야 할 스팟 등을 일목요연하면서도 효과적으로 설명해 주었다.
투어는 마치 가우디에 대해 전문가가 된 것만 같은 큰 만족감과 함
께 마무리되었다. 그리고 그로부터 10여 년이 지난 지금, 나는 가
우디에 대해 아무것도 모른다. '요약본'이란 그런 것이다. **서리북**

한승혜
대학에서 영미 문학과 일본 문학을 공부했다. 기업에서 마케터로 일하다 퇴사 후 현재는 두 아이를
기르며 다양한 매체에 서평과 에세이를 기고하고 있다. 『제가 한번 읽어보겠습니다』, 『다정한 무관심』,
『저도 소설은 어렵습니다만』을 썼고, 『여자를 모욕하는 걸작들』을 함께 썼다.

📖 요약본에 대한 선호 현상은 최근 유튜브나 OTT 서비스에서 영상을 시청할 때 빨리 감기 기능을 이용하는 행태와 연결된다. 말하자면 단시간에 최대한 많은 콘텐츠를 섭렵하겠다는 욕망이 깃들어 있는 것이다. 이 책은 그러한 빨리 감기라는 현상 이면에 숨은 시대의 거대한 변화를 날카롭게 파고든다.

"'작품 전체 내용을 빠르게 파악할 수 있다'는 측면에서 '패스트무비'를 이길 것은 없다. 어째서 그렇게 하면서까지 내용을 빠르게 알고 싶은 걸까? 친구들과의 대화에 낄 수 있고, 결말까지 알았다는 만족감도 맛볼 수 있기 때문이다. 게다가 무료로 말이다. 그런 이유로 패스트무비에는 일정한 수요가 있었다."— 책 속에서

『영화를 빨리 감기로 보는
사람들』
이나다 도요시 지음
황미숙 옮김
현대지성, 2022

📖 최근 영화관이 텅텅 비는 현상은 볼 만한 콘텐츠가 없어서일 수도 있지만 더 이상 관객들에게 2시간짜리 영화를 집중해서 볼 힘이 없기 때문일지도 모른다. 저자는 이와 같은 집중력 저하 현상이 재앙인 이유와 그에 관한 원인 분석을 거쳐 집중력을 되찾기 위한 방법을 탐구한다.

"과학자들이 발견한 사실은, 자신이 동시에 여러 가지 일을 수행하고 있다고 생각할 때 사실 사람들은 (얼이 설명한 것처럼) '저글링'을 하고 있다는 것이다. '이 일 저 일을 전환하고 있는 겁니다. 자신이 그러고 있다는 사실은 알아채지 못해요. 뇌가 그 사실을 가려서, 의식에서는 아주 매끄러운 경험을 하게 되거든요. 하지만 실제로는 여러 작업 사이를 오가면서 순간순간 뇌를 재설정하고 있는 겁니다. 거기에는 대가가 따르고요.'"— 책 속에서

『도둑맞은 집중력』
요한 하리 지음
김하현 옮김
어크로스, 2023

THE SELFSH GENE

이기적 유전자

리처드 도킨스 지음 | 홍영남·이상임 옮김

을유문화사

『이기적 유전자』
리처드 도킨스 지음, 홍영남·이상임 옮김
을유문화사, 2018

'이기적 유전자'라는 밈의 힘

홍성욱

우리 모두는 같은 종류의 자기 복제자, 즉 DNA라고 불리는 분자를 위한 생존 기계다. 그러나 세상을 살아가는 데는 여러 종류의 생활 방법이 있는데, 자기 복제자는 이 방법을 이용하기 위해 다종다양한 기계를 만들었다. 원숭이는 나무 위에서 유전자를 유지하는 기계이고, 물고기는 물속에서 유전자를 유지하는 기계다.(79쪽)

2017년, 영국 왕립협회는 매년 협회가 우수한 대중 과학서에 수여하는 과학도서상의 30주년을 기념해서 지금까지 출간된 대중 과학서 중에 가장 영향력 있는 책을 꼽는 행사를 진행했다. 협회 도서관의 수석 사서가 선정한 11권의 책에 대해 1,000명이 넘는 사람들에게 의견을 물었는데, 1등을 한 책이 리처드 도킨스의 『이기적 유전자』였다. 2등이 빌 브라이슨의 『거의 모든 것의 역사』였고, 3등이 찰스 다윈의 『종의 기원』이었다. 메달권 안에 들지 못한 후보에는 스티븐 호킹의 『시간의 역사』와 레이철 카슨의 『침묵의봄』같은 유명한 책도 있었다.*

　도킨스의『이기적 유전자』는 출판 직후부터 베스트셀러였다. 무엇보다 이 책은 메시지가 뚜렷하고 읽기 쉬운 과학책이 베스트셀러가 될 수 있음을 보여 준 최초의 사례였다.『이기적 유전자』의 성공 이후에 출판사들은 좋은 과학 대중서를 적극적으로 기획해서 출판했는데, 칼 세이건의『코스모스』, 제임스 글릭의『카오스』, 스티븐 호킹의『시간의 역사』가 그 뒤를 이었다. 지금까지『이기적 유전자』는 25가지가 넘는 언어로 번역되어 수백만 부 이상 팔렸다.

『이기적 유전자』의 전복적 주장

도킨스는『이기적 유전자』에 대해 책이 혁명적인 분위기에서 혁명의 정신을 담아 집필되었다는 얘기를 한 적이 있다.(26쪽) 옥스퍼드 대학교에서 동물행동학 강사를 하던 36세의 도킨스는 이 혁명의 깃발을 든 기수였다. 혁명가들은 기존에 널리 받아들여지던 진화론의 집단선택(group selection) 이론을 뒤집고 더 새롭고 젊은 이론인 친족선택(kin selection) 이론, 혹은 유전자 중심적 관점(gene-centric view)을 권좌에 앉히려고 했다.『이기적 유전자』의 열풍은 이 혁명이 성공했음을 상징했다.

　당시 혁명을 제대로 이해하기 위해서는 약간의 배경지식이 필요하다. 진화는 종과 개체가 생존 경쟁을 통한 자연선택 과정을 거치면서 일어난다. 그 과정은 기본적으로 한정된 자원(먹이, 서식지, 짝 등)을 놓고 일어나는 경쟁이다. 그런데 벌이나 개미처럼 자신을

---

* "The Selfish Gene tops Royal Society poll to reveal the nation's most inspiring science books", The Royal Society, July 19, 2017.(https://royalsociety.org/news/2017/07/science-book-prize-poll-results/)

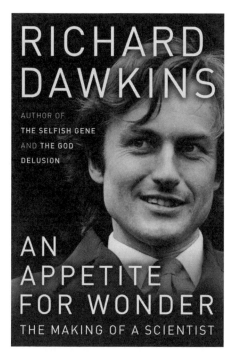

2013년 출간된 리처드 도킨스의 자서전. 표지 속에 『이기적
유전자』가 처음 출간된 해(1976) 도킨스의 모습이 보인다.
(출처: 하퍼콜린스 웹사이트)

희생하면서 집단의 생존을 도모하는 진사회성(眞社會性) 곤충이 어
떻게 살아남아 있는 것일까? 다윈은 인간의 이타주의와도 연결되
는 이 문제를 한참 고민하다가 타인을 위해서 희생하거나 타인과
협력하는 개체를 더 많이 가진 집단이, 그렇지 못한 집단에 비해서
생존 경쟁에서 우위를 점한다는 집단선택 이론을 제창했다. 개인
은 희생하지만, 전체 집단은 이런 희생에 힘입어 생존 경쟁에서 이
길 수 있다는 것이었다.

    1950-1960년대에 이런 집단선택 이론에 반기를 든 사람들
이 나타나기 시작했다. 미국의 생물학자 조지 윌리엄스는 『적응과

자연선택(*Adaptation and Natural Selection*)』(1966)에서 선택에 대한 새로운 이해에 근거해 진화의 과정에서 선택되는 것(소위 선택의 단위)은 집단이나 개체가 아니라 유전자로 보는 것이 더 타당하다고 주장했다. 1964년에 윌리엄 해밀턴은 유전적 근친도라는 개념과 수학적 계산을 사용해서 벌이나 개미에게서 나타나는 이타성을 유전자 차원에서 해명하는 데 성공했다. 간단히 말해서, 이런 곤충들은 자신이 새끼를 낳는 것보다 여왕의 새끼를 돌보는 일이 유전자의 관점에서 자신을 보존하는 데 더 이득이라는 얘기였다. 이타적으로 보이는 행동이 사실 유전자의 이기적 복제를 위한 전략이라는 것이 혈연선택 이론의 핵심이었다.*

인간 사회에 대해서도 비슷한 얘기를 할 수 있다. 내가 자식을 낳지 않았다면 내 유전자는 스스로 복제하는 데 실패한 것이다. 그런데 과연 그게 전부일까? 내게 형제자매가 있고 이들이 아이들을 낳았다면, 내 조카들은 평균적으로 나와 25퍼센트의 유전자를 공유한다. 자식은 50퍼센트의 유전자를 공유하기 때문에, 조카 둘 이상을 잘 돌봐서 이들이 성인이 되게 하면 자식 하나를 돌보는 것과 마찬가지다. 물에 빠진 조카 여럿을 살리기 위해서는 내 목숨도 희생할 수 있다. 우스갯소리 같아도, 실제로 유전자 중심주의는 자식을 낳지 않는 동성애자가 존속하는 것은 그가 형제자매들의 자식들을 더 돌봄으로써 동성애 유전자를 보존하기 때문이라고 본다.

이제 집단선택이 왜 틀렸는지 도킨스의 설명을 들어 보자. 이타적인 집단에 이기적인 개체가 하나라도 섞여 있다면 어떤 일이 일어날 것인가? 자신을 희생하지 않는 이기적인 개체가 상대적으

---

* 내 직계 자손의 유전자만이 아니라 친족의 유전자를 다 따져서 생존 경쟁의 적합도(fitness)를 계산한다는 의미에서 이 이론은 포괄 적합도(inclusive fitness) 이론으로도 불렸다.

로 더 많은 자식을 낳고, 그의 이기적 유전자를 더 많이 퍼뜨릴 것이다. 결국 시간이 지나면 이타주의자의 유전자는 씨가 마른다. 따라서 이타주의가 집단의 생존에 유리하다는 집단선택은 허구이다.(55-56쪽) 군집을 이뤄서 살고, 따라서 유전자의 상당 부분을 공유하는 동물의 집단에서 볼 수 있는 이타성은 유전자를 더 많이 퍼트리기 위한 이기적 유전자의 작동이다. 적이 왔을 때 경고음을 내서 동료가 달아나게 하는 땅다람쥐의 행동은 겉으로 보면 이타적이지만 그 본질은 이기적 유전자가 자신을 보존하기 위한 작동에 지나지 않는다.

　도킨스는 당시까지 발전된 유전자에 대한 이론을 동물 진화와 연결한 뒤에, 그 디테일을 일반인이 이해할 수 있는 쉬운 언어로 풀어 『이기적 유전자』에 담았다. 도킨스는 유전자 내부에 정보가 프로그램화되어 있다고 보았고, 뇌는 컴퓨터와 비슷하다고 해석했으며, 진화 과정에서 자연선택의 단위는 개체가 아닌 유전자라고 주장했다. 이기적 유전자는 스스로 복제하려고만 하는 복제자이며, 인간을 포함한 생명체는 이 유전자를 후대에 전달하기 위한 전달자, 혹은 '생존 기계(survival machine)'에 불과하다고 해석했다. 그는 책의 서문에서 "우리는 생존 기계다. 즉 우리는 유전자로 알려진 이기적인 분자를 보존하기 위해 맹목적으로 프로그램된 로봇 운반자다"(33쪽)라고 선언했다.

　19세기 영국의 작가 새뮤얼 버틀러는 "닭은 달걀이 다른 달걀을 만들기 위한 수단이다"라고 했다. 그렇지만 그에게 닭은 살아 있는 생명체였다. 반면에 도킨스에게 생명체는 유전자의 전달 기계, 유전자의 꼭두각시나 좋은 숙주에 불과했다. 과거에는 살아 있는 주체인 생명체가 자신과 닮은 자손을 낳기 위해 유전자를 도구로 사용했다면, 『이기적 유전자』는 이 둘의 관계를 역전시켰다.

이제 살아 있는 (즉, 이기적인) 유전자가 자신을 복제하기 위해서 생존 기계인 생명체의 몸을 이용할 뿐이었다.

도킨스가 든 사례들은 동물과 곤충의 경우가 대부분이다. 그도 강조하듯이 인간은 동물과 다르다. 인간은 이타성이 바람직하다는 덕성을 교육할 수 있고, 피임을 해서 유전자의 대물림을 끊을 수도 있다. 특히 피임은 인간이 이기적 유전자의 통치권을 벗어났다는 결정적 증거이다. 그렇지만 인간이 보이는 여러 이타적 행위 중에서 이기적 유전자로 설명 가능한 것도 많다. 엄마가 아이를 낳았을 때 이전 아이에게 수유하는 것을 끊고 갓난아이에게 수유하는 일, 형이 자신의 과자를 동생에게 양보하는 일 모두 유전자가 성공적으로 복제되기 위한 전략이다.(8장) 젊었을 때 남자는 바람둥이가 많고 여자는 수줍은 숙녀가 많은 것도 유전자가 진화적으로 안정된 상태에서 자신을 퍼트리기 좋은 상황이다.(9장) 헌혈 같은 순수하게 이타적인 행위도 친족 관계에 있는 흡혈박쥐가 서로 피를 나누는 행위의 연장선상에서 이해할 수 있다.(12장)

도킨스가 『이기적 유전자』에서 이룬 '코페르니쿠스적 전회'는 유전자는 살아 있고 생명체는 죽은 기계로 볼 수 있다는 인식이었다. 어떤 이들에게 이는 인간 중심주의에 종점을 찍은, 진정으로 급진적이고 바람직한 것이었다. 반면에 다른 이들에게는 통속적인 유전자 중심주의나 유전자 환원론이 분칠하고 다시 등장한 것에 불과했다. 유전자 중심주의와 유전자 환원론 근처에는 항상 우생학이라는 망령의 그림자가 어른거렸다. 『이기적 유전자』가 가진 파급력과 이것이 유발한 비판은 이런 전회가 타당한가 그렇지 않은가, 그리고 더 나아가서 이것이 바람직한가 그렇지 않은가라는 질문을 놓고 첨예하게 갈린 두 입장의 간극에서 발생했다.

이기적 유전자와 생존 기계

인간 존재가 이기적 유전자의 복제를 위한 복잡한 기계에 불과하다는 주장에 당혹스러움을 맛본 독자 중에는 절망하는 사람도, 정반대로 안도하는 사람도 있다. 내 주체성과 자유의지를 강하게 믿었던 실존주의자는 절망할 수 있다. '내가 유전자 같은 눈에 보이지도 않는 존재의 생존 기계라니! 나는 내 삶의 의미를 어디에서 찾아야 한다는 말인가!' 반면에 뼛속까지 이기적인 자본주의적 인간은 즐거워할 수 있다. '내 이기적인 품성과 행동은 결국은 이기적 유전자로부터 나온 결과야. 너희들이 아무리 다른 사람을 위한다고 얘기해도, 결국 우리는 모두 이기적 유전자의 생존 기계일 뿐이야. 이걸 인정하라고!' 심지어 이기적인 행동을 부추기는 데 사용될 수도 있다. '이기적으로 사는 것이 자연스럽게 사는 것이야. 경쟁하고, 남을 누르고, 멋진 짝을 만나서 내 유전자를 퍼뜨리는 것 모두 이기적 유전자의 명령이니까.'

1962년에 토머스 쿤이 『과학혁명의 구조』를 출간하기 전에는 거의 사용되지 않았던 패러다임(paradigm)이란 단어가 책 출간 이후에 일상 용어가 되었듯이, 비슷한 얘기를 이기적 유전자에 대해서도 할 수 있다. 1976년에 리처드 도킨스가 『이기적 유전자』를 출간하기 전에 '이기적 유전자'라는 구절은 거의 사용되지 않았다. 그런데 도킨스의 책이 출간된 이후에 이 단어는 일상 용어가 되었다. 특히 도킨스는 자신이 노동당에 투표했다는 해명을 했을 정도로, 이기적 유전자라는 구절은 1980년대 이후 영국 사회를 통치한 마거릿 대처 정권의 보수적 정치인들이 즐겨 사용하는 단어가 되었다.*

---

* Soraya de Chadarevian, "The Selfish Gene at 30: The Origin and Career of a Book and

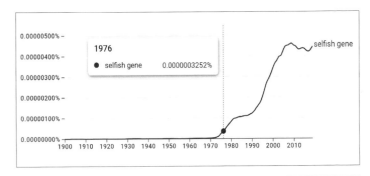

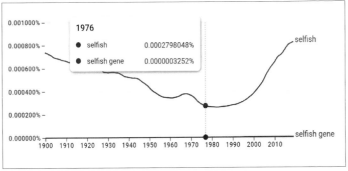

(위) Google Ngram을 통해 살펴본 'selfish gene'의 사용 빈도. 1970년대 이후에 급증함을 볼 수 있다.(출처: Google Books Ngram Viewer)

(아래) Google Ngram을 통해 살펴본 'selfish'의 사용 빈도(그래프 바닥에 'selfish gene'의 빈도 참조). 1980년 이후에 'selfish'의 빈도가 증가함을 볼 수 있다.(출처: Google Books Ngram Viewer)

　　홍미로운 사실은 selfish라는 단어의 사용도 대략 1980년대 이후에 증가함을 보인다는 것이다. 이것이 '이기적 유전자' 때문은 아닌 것으로 보이는데, selfish의 사용 빈도에 비해 selfish gene의 빈도는 무시할 수 있을 정도로 미미하기 때문이다. 이 이유를 정확하게 알기는 어렵겠지만, 1980년대 이후에 영국과 미국에서 보수당이 집권하고 신자유주의의 사회·경제 패러다임이 전 세계로

Its Title", *Notes and Records of the Royal Society of London* 61(1), 2007, p. 35.

확산되면서 이기적이라는 단어가 이전보다 더 자주 사용된 것이 아닐까 짐작해 볼 수 있다. 이렇게 보면 도킨스의 책이 이기적이라는 단어의 더 잦은 사용에 크게 기여하지는 않았더라도, 이런 사회적 분위기가 『이기적 유전자』를 스테디셀러로 만드는 데에는 일정한 역할을 했을 가능성이 있다.

"죽어라, 이기적 유전자여, 죽어라"

2016년에 옥스퍼드 대학교 출판부는 『이기적 유전자』의 40주년 기념판을 냈다. 출판사는 "40년이 지난 후에도, 이 책의 통찰력은 출판되었을 시기에 그랬던 것처럼 지금도 타당하다"고 홍보한다.* 실제로 『이기적 유전자』는 지금도 아마존의 '유전학과 진화' 범주에서 톱 10 목록에 올라가 있다. 국내에서도 1993년에 처음 번역된 『이기적 유전자』는 『코스모스』와 함께 과학 분야에서 꾸준히 베스트셀러로 자리 잡고 있는데, 현재(2023년 5월) 온라인 서점 알라딘의 집계를 보면 아직도 과학 분야 스테디셀러의 2위가 『이기적 유전자』이다(1위는 『코스모스』).

2판과 3판의 서문을 보면 도킨스는 『이기적 유전자』가 계속 읽히는 이유를 자신이 제시한 진화에 대한 혁명적으로 새로운 관점이 상식처럼 되었기 때문이라고 보는 것 같다. 그렇지만 지난 40여 년 동안 유전자에 대한 이해는 지속적으로 새롭게 갱신되었고, 지금 생물학자들이 생각하는 유전자는 도킨스가 1970년대에 생각한 유전자와 상당한 차이가 있음을 보면 이런 설명이 아주 만족스럽지는 못하다.

---

* 옥스퍼드 대학교 출판부가 제공하는 책 소개의 일부다.(https://global.oup.com/academic/product/the-selfish-gene-9780198788607?cc=us&lang=en&#)

　　1970년대 당시에 유전자는 생명체를 관장하고 명령하는 마스터 분자(master molecule)로 간주되었지만, 지금은 DNA를 둘러싼 세포질, 세포가 모여 만든 유기체, 유기체가 속한 환경이 유전자 특성의 발현에 큰 역할을 한다는 것을 알고 있다. 곤충 중에는 같은 유전자를 가지고 환경에 따라 다른 곤충으로 발생하는 사례도 발견되었다. 도킨스의 유전자 중심주의는 20세기 초 아우구스트 바이스만의 생식질 연속성 이론에 근거했지만, 이 이론은 여러 형태의 획득 형질이 유전자를 바꾸고 이것이 후대에 유전됨을 보이는 후성유전학(epigenetics)에 의해 도전받고 수정되었다. 인간을 포함한 여러 생명체의 게놈이 해독된 이후에도 유전자의 역할에 대한 연구는 더 활발하게 진행되고 있으며, 특히 유전자들의 연합(association)이나 네트워크에 대한 연구는 이제 막 중요한 성과를 내며 진행되고 있다. 이런 모든 발전과 발견은 도킨스가 『이기적 유전자』에서 제시한 유전자 중심적 관점이 단순하고 심지어 낡은 것임을 드러낸다.

　　진화론 진영에서도 강력한 비판이 등장했다. 해밀턴과 도킨스의 친족선택설을 지지했던 에드워드 윌슨(개미 연구와 '통섭'으로 유명한 그 윌슨이다)이 2010년에 다수준 집단선택설을 지지하는 논문을 출판했다.* 이 논문을 전후해서 윌슨은 기회가 될 때마다 친족선택 이론이 개념적으로 잘못되었고 수학적으로도 오류가 있다고 설파했다. 집단선택설의 지지자들은 때를 맞춰서 한 집단 내에서는 이기주의자가 이타주의자를 앞서지만, 집단 대 집단으로 봤을 때 이타주의자의 집단은 이기주의자의 집단에 비해 더 우월한

---

* M. Nowak, C. Tarnita & E. Wilson, "The Evolution of Eusociality", *Nature* 466, 2010, pp. 1057-1062.

경쟁력을 지닌다고 주장하면서, 유전자, 세포, 개체, 집단의 선택을 모두 고려하는 다수준 집단선택 이론이 친족선택보다 훨씬 더 설득력이 있다고 주장하고 있다. 일군의 학자들은 친족선택과 집단선택이 사실 수학적으로 동일한 것이라는 동등성 이론을 주장하기도 한다.

　그렇지만 관련 이론의 변화와 이에 근거한 수많은 비판에도 불구하고 『이기적 유전자』는 거의 1976년에 나온 그대로 읽히고 있다.* 2013년, 유전학의 발전에 비추어 볼 때 『이기적 유전자』의 유전자 중심적 관점은 오류투성이임을 비판한 데이비드 돕스(David Dobbs)는 자신의 글의 제목을 "죽어라, 이기적 유전자여, 죽어라(Die, Selfish Gene, Die)"라고 지었다.** 비판을 하고 반대 증거가 쌓여도 '이기적 유전자'는 전혀 죽을 조짐을 보이지 않음을 한탄한 제목이었다. 저자도, 출판사도, 독자도 아직 정확히 모르는 어떤 이유에서 이 책은 계속 팔리고, 계속 읽히고 있는데, 앞서 얘기했듯이 한 가지 이유는 이기주의를 부추기는 시대적 분위기 때문일 수 있다. 도킨스는 책 제목을 편집자의 제안대로 '불멸의 유전자'로 짓지 않은 것을 후회하기도 했는데,(10쪽) 돌이켜 보면 이기적 유전자로 생명체의 이타주의를 해명한다는 기획이 불멸의 유전자로 진화를 설명한다는 기획보다 더 매력적이다. 후자에는 전자가 가진 어떤 역설, 전복, 뒤집기가 존재하지 않는다.

　독자가 이 책에서 인간 이기주의의 뿌리를 이해했는지, 혹은

---

* 1989년에 나온 2판은 게임이론과 확장된 표현형에 대한 두 챕터를 덧붙였지만, 1판의 내용에 대한 수정은 없었다. 2006년에 나온 30주년 기념판에도 새 서문을 첨가한 것 이외의 본문의 다른 수정은 없었으며, 2016년에 나온 40주년 기념판 역시 본문에 대한 수정 없이 에필로그만을 새롭게 첨가했다.

** David Dobbs, "Die, Selfish Gene, Die", *Aeon*, December 3, 2013.(https://aeon.co/essays/the-selfish-gene-is-a-great-meme-too-bad-it-s-so-wrong)

반대로 인간 이타성의 유전자적 원천을 이해했는지와 무관하게 이기적 유전자는 이미 하나의 밈(meme)이 되었다. 도킨스 자신이 강조했듯이, 성공적인 밈은 마치 바이러스처럼 뇌를 한번 감염시키면 사라지지 않고 다른 사람에게 전파된다.(11장) 그는 종교를 가장 강력한 밈으로 간주했지만, 내가 보기에 종교가 과거의 지적 권위를 잃고 있는 세상에서 과학은 종교가 하던 일의 일부를 떠맡아 새로운 밈이 되었다. 천문학은 우주의 시작과 끝에 대해서, 뇌과학은 인간 본성에 대해서, 진화학은 우리는 누구이며, 어디서 왔고, 어디로 가는가에 대해 절반은 세속적이면서 절반은 종교적인 설명을 제공한다. 싫으나 좋으나, 『이기적 유전자』는 유전자 차원에서 이런 설명을 최초로, 충격적으로, 간결하고 설득력 있게 제시한 책이다. 이 책은 그래서 성공했고, 지금까지도 그렇다. 이런 상황을 고려해 보면 아마 앞으로도 당분간 그럴 것이다. 서리북

홍성욱
과학기술과 사회의 관계를 연구하는 과학기술학자. 《서울리뷰오브북스》 편집장. 가습기 살균제나 세월호 참사 같은 과학기술과 재난 관련 주제들, 그리고 이와는 상당히 다르지만 1960-1980년대 산업화와 기술발전에 대해서 연구하고 있다.

📖 도킨스가 자신의 가장 중요한, 그리고 독창적인
업적이라고 평가하는 책. 유전자의 작용이 유전자를 품고
있는 개체를 넘어서 다른 개체, 환경으로 확장됨을 주장한
책이다. 『이기적 유전자』의 제2판에 덧붙여진 13장
'유전자의 긴 팔'을 확대한 책이다.

"이제 우리는 어떤 행동 유형을 '위한' 유전자를 말하는 게
언제나 가능하다는 의미에서 한 개체에 있는, 다른 개체가
나타내는 행동 유형(또는 다른 표현형 형질)을 '위한' 유전자를
말하는 게 가능하다. 이 세 가지 설명을 통합하면 확장된
표현형만이 품은 '중심 정리'에 도달한다. 동물이 하는
행동은 그 행동을 '위한' 유전자가 행동을 수행하는 특정
동물 몸에 있든 없든, 해당 유전자가 달성하는 생존을
최대화하는 경향이 있다."—책 속에서

『확장된 표현형』
리처드 도킨스 지음
홍영남·장대익·권오현 옮김
을유문화사, 2022

📖 트랜스젠더 생물학자이자 동물행동학자인 조앤
러프가든은 리처드 도킨스의 이기적 유전자 개념에 대해
비판적인 논문과 책을 출판했다. 가장 강력한 비판은
2009년에 출판한 『상냥한 유전자(The Genial Gene)』(UC
Press, 2009)인데, 이 책은 아직 번역이 안 되었다. 동성애,
트랜스젠더를 비롯한 자연이 낳는 다양성을 예찬한 이 책도
도킨스에 대한 해독제로 충분하다.

"내가 말한 발생 이야기는 유전적 기능의 상호 연관성을
강조하며 유전적 통제의 역할이 과장되는 것을 막는다.
유전자 작동에 관한 내 모형은 '상냥한 유전자'인데, 이는
유명한 '이기적인 유전자' 개념과 대조적으로, 서로 협력하는
유전자다. 달리 말해, 내 이야기는 개체주의를 강조하지
않는다."—책 속에서

『변이의 축제』
조앤 러프가든 지음
노태복 옮김
갈라파고스, 2021

유엔 식량특별조사관이
아들에게 들려주는 기아의 진실

왜

세계의 절반은 굶주리는가?

장 지글러 지음 | 유영미 옮김
해제 우석훈 | 부록 주경복

개정증보판

갈라파고스

『왜 세계의 절반은 굶주리는가?』
장 지글러 지음, 유영미 옮김
갈라파고스, 2016

유려한 이야기, 날카로운 의식,
무딘 진단과 해법

이창근

경험 많은 전문가의 빈곤 이야기

장 지글러는 학자인 동시에 긴 시간 동안 유엔 인권위원회 식량특별조사관으로 장기간 봉직해 왔다. 이 책에서 그는 이러한 경험과 직관에 기반하여 기아와 식량 부족 문제의 원인을 진단하고 해법을 제시한다. 그러나 저자의 분석과 비판이 닿는 범위는 단지 식량에 국한되지 않는다. 저자가 정말 말하고 싶은 것은 흔히 '신자유주의'라고 불리는 글로벌 금융 자본주의가 아프리카 국가들을 구조적으로 짓누르고 있다는 것이다. 빈곤과 불평등은 구조적인 문제이기에, 저자는 식량의 자립적 생산을 중심으로 한 급진적인 개혁을 주장한다. 그리고 세계 시민의 연대를 통해 급진적 변화를 견인해 낼 것을 주장한다.

이 책의 성격을 규정짓는 것은 그 내용뿐만이 아니다. 저자는 아들과 대화하는 형식을 빌려 개발 및 빈곤 문제에 대해 깊은 이해가 없는 일반인에게 빈곤과 기아 문제가 얼마나 심각하고 깊은 뿌리를 가지고 있으며, 왜 해결이 어려워져만 가는지를 구체적인 사례들과 함께 친절하게 설명한다. 저자의 오랜 현장 경험에 바탕을

수단 동부 지역의 어느 농장. 가뭄으로 수수가 말라 있다.(출처: nara.getarchive.net)

둔 스토리텔링은 이 책이 가진 가장 큰 장점이다. 많은 중·고등학교에서 필독서로 선정된 이유도 그 때문이리라.

이 책을 논평해야 하는 필자는 경제사를 전공했다. 그리고 원조 자금으로 한국에 공부하러 온 개발도상국 학생들이 전체의 절반 가까이 되는 학교에서 개발정책학 주임교수를 맡고 있다. 그러나 이런 위치에 있는 사람으로서는 다소 부끄럽게도, 소위 개발도상국에 직접 방문해 본 것은 2023년, 즉 올해가 처음이다. 필자에게 현장 지식을 얻는 최선의 수단은 교실 안팎에서 학생들과의 대화를 통해 이들의 나라와 사회에서 어떤 구조적인 문제가 존재하는지를 배워 가는 것이다.

　　이처럼 필자는 저자 장 지글러와 비교할 수 없는 작은 경험을 가지고 있을 뿐이다. 그러나 그의 책이 빈곤과 저개발의 구조적 원인을 주된 내용으로 하고 있기에 그 주장에 대해 경제학적인 관점에서 논평을 하는 것은 가능하리라 생각한다. 또한 어린 학생들을 주 독자층으로 설정하고 있다는 점에서 빈곤과 저개발의 문제를 학생 및 일반인에게 어떻게 설명하는 것이 바람직한가에 대해 생각할 지점을 제시하고자 한다. 이러한 이유로, 이 서평은 빈곤의 현실을 말하는 전반부 3분의 1보다는 그 원인과 해법에 대해 말하는 후반부에 집중한다.

저개발의 원인에 대한 경제학적 논의

먼저 저개발의 원인에 대한 경제학계의 논의를 간단하게나마 살펴보자. 경제학은 보편적 인과관계에 대한 학문이다. 그럼에도 저개발 또는 저소득 국가를 위한 경제발전론이라는 분야가 별도로 있는 이유는, 그 인과관계의 전제 조건이 만족되지 않는 경우가 많기 때문이다. 특히 철강과 철도처럼 서로 연관된 산업 및 부문은 상대방의 투자에 대한 확신이 없는 경우 모험을 하지 않을 가능성이 높다. 이 경우 철강업자와 철도 사업자가 동시에 투자에 나서도록 하는 것이 필요하다. 이른바 빅 푸시(big push) 개념이다. 미국의 경제학자 제프리 삭스(Jefferey Sachs)는 이에 근거하여 소규모의 원조보다 대규모의 지원이 효과적이라고 주장했다. 국가 안에서는 정부가, 국제적으로는 국제 기구나 다자개발은행이 여러 부문의 행위자들 간 정보와 정책 의도를 공유하고, 다른 이해관계를 조정하는 역할을 할 수 있다고 믿는다. 『빈곤의 종말』*은 이러한 그의 생

---

* 제프리 삭스, 김현구 옮김, 『빈곤의 종말』(21세기북스, 2006).

콩고 고마에서 국제 구호 단체 IMC가 비상 식량과 의약품을 배급하고 있는 모습.(출처: flickr.com)

각을 요약하여 보여 준다.

장 지글러는 원조의 효과에 대해 부정적이다. 부패나 행정 역량의 부족함, 관료제 등의 이유 때문에 인도적인 구호조차 필요한 곳에 전달되지 않기 때문이다. 그보다는 자생적 역량의 강화, 특히 자립적 경제의 육성이 필요하다고 본다. 개발경제학자들 사이에서도 원조의 효과성에 대한 회의론은 상당히 오랫동안 지속되어 왔다. 이러한 입장을 대변하는 경제학자로는 윌리엄 이스털리(William Easterly)가 있다. 그는 대규모 원조보다 작은 프로그램으로 시작하여 효과성 평가를 통해 규모를 키우는 상향식 모델을 더욱 강화하자고 말한다. 자본주의 자체의 문제를 지적하는 것과는 거리가 있다. 담비사 모요(Dambisa Moyo)는 원조를 늘려도 그것을 둘러싼 정치적 갈등만을 촉발하며, 개발도상국 정부의 의존성 문제를 개선해 주지는 못한다고 주장한다. 이러한 이유로 원조보다는 무역과 투자를 촉진할 수 있는 조치들을 선호한다. 결국 장 지글러와 주류 경제학자들은 현재와 같은 방식의 원조에 대해 회의적이라는 점에서는 공통적이나, 해결의 방향, 특히 시장과 글로벌 자본주의의 효용성 및 역할에 대해서는 입장이 극단적으로 나뉘는 셈이다. 장 지글러는 규범과 연대에 의존한 원조로의 급진적 전환을 주장하며, 주류 경제학자들은 원조 프로그램의 효과성 개선과 무역 등 시장 메커니즘의 역할을 강조한다.

　　장 지글러의 관찰과 진단은 상당한 통찰을 가지고 있다. 효과적이지 못한 제도하에서는 원조가 기아 극복이라는 문제를 해결할 수 없다는 것, 기아의 부정적 효과는 한 세대에 머무르는 것이 아니라 다음 세대로 이어진다는 것, 식량 원조가 정치 투쟁과 내전의 도화선이 되는 경우가 많다는 것, 식민지의 부정적 유산이 현재의 발전을 제약하고 있다는 것 등이 그렇다. 원조의 효과성 논쟁에서도 발견되듯, 이러한 문제들은 주류 경제학자들 역시 크게 이견이 없다.

당위와 현실 사이

그러나 관찰의 깊이에 비해 '구조'에 대한 그의 분석과 해법은 다소 무딘 느낌을 준다. 그는 기아 문제 해결을 시장의 기능에 맡길 수는 없으며, "세계경제의 모든 메커니즘은 한 가지 명령에 복종해야 한다"(184-185쪽)고 말한다. 기아 극복이라는 대의가 그것이다. 물론 그도 이러한 해법이 즉각적으로 유의미한 결과를 가져올 수 있다고 믿는 것은 아닐 것이다. 그보다는 사람들의 각성이야말로 궁극적인 변화의 동력일 것이라는 의지와 희망의 표현으로 읽힌다. 그러나 현실의 문제는 개별적으로는 당위성이 있는 사안들 중에서 선택을 해야 하는 경우가 많다. 이러한 상충 관계(trade-off)를 다루는 경제학의 눈으로 보면 그의 서술에는 상호 모순되는 지점들이 여럿 발견된다.

예컨대 그는 글로벌 기업들의 판매 가격이 지나치게 높다고 비판하며 아프리카의 식량 자립을 주장한다. 그러나 그 역시 아프리카의 농업 생산성이 유럽보다 낮다는 것을 인정하며, 이는 수입을 배제하고 자립을 추구한다면 식량 가격이 높아질 것임을, 그로 인한 식량 부족은 개발도상국의 산업화와 장기적인 경제 성장을 저해할 것임을 시사한다. 물론 그는 다른 제안을 제시한다. 세계가 개발도상국의 인프라 구축을 지원함으로써 농업 생산성을 증가시켜 식량 가격을 낮추자는 것이다. 그러나 이는 그가 불신을 표시한 서방의 선의에 다시금 기대야 한다는 의미다. 설사 그 선의가 작동한다고 하더라도, 경제학 연구에 따르면 비료와 기계의 보급조차 의도한 만큼의 효과는 나타나지 않는다. 마찬가지로, 그는 소수의 곡물 대기업이 사재기 등 시장 조작을 통해 가격을 인위적으로 높게 유지한다고 단언하지만, 곧바로 가격 결정에 여러 요소들이 작용한다며 물러선다. 또한 그가 비판하는 기업들이 과연 착취에 나설 만큼 개발도상국의 시장 규모가 유의미한지도 검토하지 않는다.

빈곤이라는 주제를 어떻게 가르칠 것인가?

이러한 내적 정합성의 결함은 학술적인 관점에서도 아쉬움을 불러일으키지만, 이 책이 많은 사람들에게 교육용으로 활용되고 있다는 점에서도 우려스럽다. 학생들로 하여금 모든 것을 가질 수는 없으니 선택이 필요하다는 불편한 진실을 바라보게 하기보다는 개별 사안의 당위성에 의지하고, 선한 다수의 아프리카인들과 소수의 악한 권력자 및 글로벌 기업으로 사태를 단순화하여 저개

우간다의 어느 농장에서 휴식을 취하는 농민들의 모습.(출처: pixabay.com)

발 문제를 인식하게 할 위험이 있기 때문이다. 에스테르 뒤플로 (Esther Duflo)와 아비지트 배너지(Abhijit Banerjee)는 그들의 저서 제목처럼 "가난한 사람이 더 합리적이다"라고 주장한다. 가진 것이 적기 때문에 더 손익에 민감할 수밖에 없다는 것이다. 여기서 합리성 (rationality)은 규범 및 도덕적인 의미를 내포하지 않는다. 그렇다면 부유한 사람들의 합리성에 탐욕이라는 관념을 들이대는 것도 타당한 일은 아닐 것이다. 개인적으로 그러한 잣대를 들이댈 수는 있으나, 제도와 체계를 통해 수많은 사람들을 움직여야 하는 복잡한 현대 사회에 가난과 기아를 개별적 당위의 차원으로 이해하도록 하는 것이 바람직한지에 대해 많은 사회과학자들이 의문을 표시하리라 생각한다.

사회과학 부문에서 누적된 제도의 성립과 변화의 역학에 관한 연구 결과를 생각하면, 급진적인 변화라는 총론과 각론의 부족함은 더욱 아쉽다. 전체의 복지를 개선시킬 수 있는 변화라고 할지라도 그로 인해 손해를 보는 집단이 있다면 그들은 당연하게도 그 변화를 막을 유인이 있다. 따라서 타협을 통한 점진적 개선을 시도하거나 내·외부의 예상치 못한 충격을 활용하여 큰 변화를 시도하는 것이 제도 개선에 효과적이라는 것이 역사 연구를 통해 사회과학자들이 확인한 바다. 대런 애쓰모글루와 제임스 A. 로빈슨은 『국가는 왜 실패하는가』에서 일정한 정도의 중앙 집권화와 다원적 정치 질서의 공존이라는(언뜻 당연해 보이지만 결코 달성하기 쉽지 않은) 조합이 경제 발전에 중요하다는 점을 증명한다. 그리고 역사 속 많은 사례들을 통해 외부의 충격이나 내부의 타협 같은 특정한 정치적 조건이 형성될 때에 비로소 이러한 방향으로 제도 개선이 일어날 수 있음을 보여 준다. 이를 통해 독자들은 바람직한, 그래서 누구나 채택함이 마땅해 보이는 제도들이 왜 현실에서는 찾기 어려운지, 좋은 제도라고 해도 그것을 인위적으로 만들어 내는 것이 얼마나 어려운지 이해할 수 있다.

경제사는 역사와 경제학의 성격을 모두 가지고 있지만, 오늘날에는 경제학의 일부로서 지니는 성격이 보다 강조되는 경향이 있다. 이는 현재에 적용될 수 있는 교훈을 역사로부터 찾고자 하는 희망과 밀접하게 연관되어 있다. 이러한 이유로 필자는 경제사를 가르치면서 학생들에게 개별 사안의 내러티브에 갇히기보다는 구조적 측면을 파악해 보기를 권한다. 정책 당국자들은 거시경제 관리부터 산업 정책과 노동 정책에 이르기까지, 다양한 정책 목표를 달성하기 위해 무엇이라도 해야 한다는 압박감 속에서 다양한 정책을 시도한다. 그러나 많은 경우 정책 자체로만 근본적인 변화의 힘을 만들어 낼 수는 없으며, 오히려 중요한 것은 거시적 환경에 정책이 부합하도록 하는 것이다. 오늘날 지글러가 빈곤의 원흉으

배급품을 머리에 이고 있는 아이의 모습.(출처: rawpixel.com)

로 간주하는 무역과 투자는 저소득국의 발전에 핵심적인 도구로 여겨진다. 그것은 각 나라에 존재하지 않는 상품과 아이디어, 그리고 문화를 전파해 새로운 혁신을 추동하기 때문이다. 외부의 자극 없이 제품을 모방할 수는 있을지 모르나 일하는 방법과 사람을 바라보는 방식을 바꾸기는 쉽지 않다. 예컨대 최근의 연구는 다국적 기업이 현지 기업들보다 여성의 고용과 승진에 더 적극적이며, 이는 개발도상국 경제 전반에 걸쳐 확인됨을 보여 준 바 있다. 물론 무역과 투자를 확대한다고 해서 이러한 효과를 언제나 기대할 수는 없다. 저자가 말했듯, 기업들은 단기적인 이득만을 노릴 유인이 있기 때문이다. 그러나 적절한 정책 개입을 통하여 외국 기업들이 장기적 발전에 기여하도록 하는 것이 그들을 정책 선택지에서 배제한 채 빈곤과 기아의 퇴치를 시도하는 것보다는 쉽다. 우리나라의 경제 발전 역시 무역과 해외로부터의 투자, 그리고 기술 이전이 핵심적인 역할을 수행했다. 그리고 정부는 장기적 정책 시계에서 이들을 활용할 방법을 고민했다.

어떻게 글로벌 자본주의를 활용할지 고민해야

최근 자유주의적 질서가 쇠퇴하고, 서구 국가들이 안보 관점에서 경제를 바라보는 경향이 강해지는 추세는 상당히 우려스럽다. 무역과 투자는 여전히 경제 발전과 빈곤 퇴치에 효과적인데, 그 질서를 형성하는 국가들의 근시안적인 보호주의적 행동이 개발도상국으로 하여금 자립 경제의 길을 가도록 부추길 수 있기 때문이다. 이 책에서 주장하는 바 역시 최근의 급변하는 상황 덕에 더 힘을 얻지 않을까 싶기도 하다.

그러나 전 지구적 자본주의의 힘을 빌려 발전한 국가의 경제학자로서, 지글러의 문제의식에는 동의하지만 세상의 복잡성을 단순화하기보다는 더 잘 활용할 방법을 고민함으로써 세상의 문제를 해결하고자 하는 스토리텔링이 출판 시장에 더 등장하기를 기원한다. 진부한 표현이긴 하지만, 청소년들이 뜨거운 가슴과 차가운 머리 중 어느 하나만을 가지지 않도록 하자는 이야기다.

서리북

이창근
현재 KDI 국제정책대학원 교수로 재직 중이다. 개발정책학 석사과정 주임교수를 맡고 있다. 미국의 대공황기와 한국의 1960년대 이후를 대상으로 기업과 산업, 노동시장의 변화를 미시 자료를 통해 연구했으며, 최근의 정책 연구는 주로 디지털 기술이 노동 시장에 미치는 영향과 경제적 관점에서 문화예술 정책을 평가하는 데 초점을 맞추고 있다. 연구 결과의 생산뿐 아니라 효과적으로 전달하는 데에도 관심이 많다.

📖 빈곤과 저개발 문제를 선악의 문제로 보거나, 거대
기획으로 접근하는 시각에 일침을 가한다. 저자들은 작게
시작하여 실험을 통해 검증하고 확장하는 점진적 접근을
제안하는데, 이는 전문가라고 해서 최선의 답을 선험적으로
알고 있지는 않다는 고백이기도 하다.

"거시경제 정책이나 제도 개혁 같은 겉모습에 혹해서는
안 된다. (……) 우리에게는 가난의 뿌리를 근절할 스위치가
없다 (……) 당장 해결할 수 있을 것처럼 허세를 부리지
말고 좋은 의도를 품은 세계 전역의 수백만 명과 함께 크고
작은 아이디어를 무궁무진 개발하자. 그러한 아이디어가
99센트로 하루하루를 살아야 하는 사람이 단 한 명도 없는
세계로 우리를 이끌어 갈 것이다."—책 속에서

『가난한 사람이 더
합리적이다』
아비지트 배너지·에스테르
뒤플로 지음, 이순희 옮김
생각연구소, 2012

📖 『왜 세계의 절반은 굶주리는가?』 대신, 또는 함께 읽을
책으로 청소년들에게 교과서처럼 권장하고 싶은 책이다.
저개발과 빈곤의 구조적 원인에 대한 깊은 통찰을 장 지글러
처럼 쉬운 언어로, 그러나 어떤 해법에 대한 확신 없이
차분히 설명하기 때문이다. 특히 장 지글러의 책에서 문제의
근원으로 제시되는 무역 질서의 문제를 냉철히 짚으면서도,
그것이 발전을 위한 도구로 쓰일 수 있음을 체계적으로
설명해 준다.

"(……) 기존에 제공하던 원조에 대해 조금 더 지능적으로
접근할 필요가 있지만 그렇게 하기 위해서는 기존에 개발
수단으로 고려되지 않은 수단들, 즉 안보 전략, 무역 정책,
선진국들의 법률 개정, 새로운 국제 헌장들을 적극적으로
이용할 필요가 있을 것이다. 다시 말하면 이제 진정으로
필요한 것은 대상과 목표는 좁히고, 수단은 다양화하는
것이다."—책 속에서

『빈곤의 경제학』
폴 콜리어 지음
류현 옮김
살림, 2010

사피엔스

유발 하라리 　조현욱 옮김 | 이태수 감수

유 인 원 에 서
사 이 보 그 까 지,
인 간 역 사 의
대 담 하 고
위 대 한 질 문

Yuval Noah Harari
Sapiens

김영사

『사피엔스』
유발 하라리 지음, 조현욱 옮김
김영사, 2015

아주 잘 쓰인, 그러나 '생각'해야 할: 노스케 테 입숨

박한선

이스라엘에 사는 닭 한 마리가 이런 생각을 했다. 우리는 어떻게 이렇게 위대한 종이 되었을까? 지구상에 살고 있는 닭은 230억 마리다. 전 세계에 존재하는 조류 중 가장 숫자가 많다. 인간이라는 가축을 통해 양질의 음식과 안전한 거주 공간을 확보했으며, 심지어 의료 서비스도 제공받고 있지 않은가?

약 8000년 전, 동남아시아에서 시작된 일이었다. 인간을 활용하면서 전보다 더 안정적으로 식량을 확보했다. 원래는 수렵 채집을 하는 선조 닭이 있었지만, 생태계에서 그리 주목받는 종은 아니었다. 그러나 인위선택이라는 진화적 과정을 통해서 특히 얼른 성장하고, 체구가 큰 닭이 나타났다. 물론 네 발 걷기, 아니 비행이라는 형질을 포기했다. 그러나 다른 이득이 훨씬 컸다. 지구상의 지배적 닭이 되었다. 바로 갈루스 갈루스 도메스티쿠스(*Gallus gallus domesticus*)이다.

아마 닭이 자신의 진화사를 글로 쓴다면, 대충 내용이 이런 식으로 시작할지도 모른다. 과도한 상상력이지만, 기왕 시작했으니 계속해 보자.

닭의 기나긴 역사를 통해서 조류 전염병, 닭 간의 불평등, 그리고 짧아진 수명 등의 부작용도 있었다. '역사상 최대의 사기'다. 하지만 여전히 개체 수는 점점 증가했다. 인간이라는 가축을 잘 활용한 일부 품종의 닭이 전 세계를 지배했다. 바로 유럽 원산의 닭, 브로일러(Broiler)다. 이주와 교배를 통해 지구 전체로 퍼져 나갔다. 동시에 선진적 닭 문화도 보급되었다.

　　어려운 순간도 많았다. 하지만 이제 건강한 몇 달 동안 닭은 부족함 없이 행복하게 살아간다. 품종 간의 경쟁은 끝났다. 닭은 더 이상 짝이나 서식지를 두고 잔인한 싸움을 벌이지 않는다. 협력과 상생을 통해 자신의 케이지를 지키며 평화롭게 살아간다. 기아를 겪을 가능성도 없다. 과학적 사료 생산을 통해 먹을 것이 넘쳐나니 말이다. 간간히 조류 독감이 여전히 유행하고 있지만, 고도로 발전한 수의학으로 통제할 수 있다.

　　지속가능한 닭 문화를 만들어 가고 있다. 건강한 두세 달간 부족함 없이 안전하게 살아가고, 이후에는 존엄사를 통해 생을 마감한다. 계란은 가축, 즉 인간 사육에 활용하며, 불필요한 번식은 자제한다. 이미 지구 위에 닭은 충분하니 말이다. 심지어 죽은 사체도 인간이라는 가축을 통해 자연으로 환원한다. 생태계와 조화를 이룬 지속가능한 미래의 닭 사회다.

　　닭은 생각했다. 이제 닭의 행복을 찾을 때다. 자유롭게 풀어 살면서도 다양한 복지 혜택을 받는 이른바 방목(free-range) 닭이 늘어나고 있지 않은가? 현대 사회의 많은 닭의 삶이 비인간적, 아니 비계(非鷄)적이다. 효율성을 위해 답답하고 비좁은 닭장에서 살아가고 있지만, 부작용도 많다. 물론 모든 닭이 방목 환경을 누릴 수 없다는 비판, 닭 불평등에 관한 우려도 있다. 하지만 결국 과학이 해결해 낼 것이다. 이제 닭의 행복을 위해서 새로운 미래를 만들어 가야 한다.

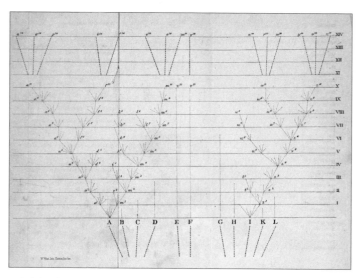

종의 진화를 설명하는 다윈의 도식. 이 도식에 따르면 종의 진화는 여러 갈래로 가지가 뻗어 나가고 다양한 가지 가운데 어떤 가지는 죽고 어떤 가지는 번성하며 살아가는 '관목 형태에 가깝다.(출처: wellcomecollection.org)

서구 중심의 진보주의

『사피엔스』는 사실 재레드 다이아몬드(Jared Diamond)의 3부작,『제3의 침팬지』,『총 균 쇠』,『문명의 붕괴』의 발전적 카피다. 인류의 진화적 역사를 거슬러 올라가고, 농업혁명을 비판하면서도, 성공적인 농경 기반의 문명이 전 세계를 지배했고, 이러한 문명의 도식이 지속가능한지 묻다가 그래도 희망을 찾자는 인류학적 거대 메시지를 전달한다.

그런데 우리는 정말 진보한 것일까? 인류가 진보한다는 믿음, 미개에서 문명으로 나아간다는 단선론적 진화론은 다윈 진화론의 기본 개념과 전혀 맞지 않는다. 그런데도 오래도록 서구 사상을 지배해 왔고, 이른바 신진화주의 인류학으로 불려 왔다(학계에서는 그저 한때의 주장으로 취급되지만, 대중적 인기는 여전하다). 그래서 인류학자 윌리

엄 애덤스(William Adams)는 야만과 불결의 미개 사회에서 교양과 위
생의 서구 사회로 발전한다는 진보주의(progressivism)의 잘못된 기저
믿음을 지적한 바 있다. 서구 인류학의 근시안적 편견을 지적한 그
의 책, 『인류학의 철학적 기원(The Philosophical Roots of Anthropology)』에서
제안한 이야기다.

　『사피엔스』의 저자는 문화주의자(보통은 문명주의자라고 더 많이 말
한다)의 입장을 비판한다. 서구 문화가 다른 문화보다 더 나으며, 그
래서 인종차별에 반대하면서도 여전히 문명의 우열은 있다는 문
화주의자의 주장이 허구라고 말한다. 비록 제국주의적 확장이나
침략 전쟁의 비극적 과거사에는 동의하지 않더라도, 아무튼 지금
의 서구 사회가 가진 근대적 정치, 경제, 과학, 윤리, 종교 등이 가장
진보적이거나 최소한 가장 강력한 경쟁력을 가지고 있다는 주장
은 근거가 희박하다는 것이다.

　그러나 책의 전체적 논의는 비판을 살짝 토핑한 찬성으로 기
우는 인상이다. 문명 사회가 빈부 격차를 성공적으로 줄였고, 의학
의 발전을 통한 보건 수준의 향상을 이루었으며, 민주적 정치와 종
교적 자유를 얻었고, 점점 자유와 평등에 기반한 인류 보편의 미래
를 만들어 나간다는 믿음, 혹은 몇몇 어려움은 있어도 그렇게 되어
야 한다는 희망찬 제언이다.

아주 잘 쓰인 책

너무 냉소적인 평가일까? 대중의 반응은 열렬했으니 말이다. 사실
이런 식의 인류학적 전개는 사람들이 가장 좋아하는 테마다. 지난
백여 년 간, 신진화주의 인류학자나 고고학자가 끊임없이 제시했
던 주장이며, 수많은 독자가 기뻐하는 주제다. 초기 인류는 여러 어
려움을 이기며 겨우 생존했지만 어느 순간 지혜에 눈을 뜨면서 크

게 성공했고, 비록 수많은 갈등과 비극이 있었지만 이제 성취를 맛
보게 되었으며, 앞으로 미래 세대를 위해 이것저것 준비하자는 메
시지다. 진부하지만, 사람들은 책을 별로 읽지 않으니 늘 새로운 독
자가 기다리고 있다.

　흥미롭게도 이 책은 어느 정도 사회적 성취를 이룬 중년 세대
가 특히 좋아한다. 자신의 삶을 신화로 만드는 힘이 있다. 유년기의
어려움을 겪은 주인공이 뜻밖의 스승을 만나 가르침을 받는다. 그리
고 모험을 겪으며 수많은 역경을 물리친다. 종종 인간적 실수도 저지
르지만, 후회하며 더 나은 인간으로 성장한다. 그리고 비로소 삶의 행
복과 영적 성취를 이루며, 다시 고향으로 돌아가 평화로운 시대를
만든다. 노래방에서 프랭크 시나트라의 〈마이 웨이〉를 부르며.

　너무 익숙하지 않은가? 호메로스(Homer)의 『오디세이아』에서
크리스토퍼 놀란(Christopher Nolan)의 〈인터스텔라〉에 이르기까지
반복된 플롯이다. 만약 작가를 꿈꾸고 있다면, 그래서 대중적인 빅
히스토리의 이야기를 만들고 싶다면, 이 도식을 따르는 것이 안
전하다. 수천 년간 반복적으로 흥행이 보장된 '잘 만들어진' 구성
이다.

　유발 하라리의 『사피엔스』는 사실 『오디세이아』의 인류학적
변주인데, 이에 더해 인지혁명과 행복, 자본주의와 과학혁명 등 새
로운 세대에 알맞은 에피소드를 더하며 크게 성공한 대중서다. 아
귀가 딱딱 맞도록 수많은 이야기를 잘 전개해 낸, '아주 잘 쓰인' 책
이다.

새롭지 않은

하지만 좀처럼 책에 빠져들기 어려웠다. 약 20년 전, 『총 균 쇠』를
볼 때는 정말 푹 빠져서 헤어 나올 수 없었다. 인류의 역사를 하나

로 꿰는 단일 이론을 찾은 듯한 느낌이었다. 그런데 이제 왜 이럴까? 혹시 인류학자로 살면서 관련 주제를 너무 많이 접한 탓일까? 그럴 리 없다. 재미있는 영화는 열 번을 봐도 재미있다.

그사이에 신진화주의 인류학의 허점을 알게 되었기 때문이다. 진보의 누적이 역사라는 주장은 과학적 사실이 아니다. 유발 하라리는 정치와 경제, 종교가 사람들의 집단적 공유 상상 위에 토대하고 있다고 말한다. 동의한다. 그러나 인류사에 관한 신진화주의적 믿음도 역시 인간의 상상 위에 토대하고 있다. 빈약한 실증적 증거 위에 쌓은 위태로운 탑이다.

그런데 우리는 왜 인류의 '진보'를 믿고 싶어 할까? 그러한 심리적 경향도 아마 진화적 형질인지 모른다. 인간은 긴 유·소아기를 가진 영장류인데다가, 연장된 청소년기를 가진 거의 유일한 종이다. 이런 성장을 위한 시기가 점점 길어지고 있다. 얼마 전에 한 학회에서 젊은 연구자 상(Young Investigator Award)을 받았는데, 규정상 만 45세까지 받을 수 있었다. 마흔다섯 살의 젊은 연구자라니…….

아무튼 '오래도록 젊은' 인간의 마음은 늘 오늘보다 나은 내일을 추구하도록 빚어졌다. 적응적 심리 모듈이다. 비관적 미래를 예상하며 될 대로 되라는 식이라면 적합도가 떨어질 것이다. 그러나 개인적 소망을 자연사에 억지로 투영해서는 곤란하다.

긴 진화사를 통해서 수많은 종이 나타났고, 다양한 종으로 분기했고, 서식지를 점유하며, 개체 수를 불렸고, 그러다 멸종하고, 일부는 다른 종으로 진화하며 같은 과정을 끊임없이 반복했다. 인류도 마찬가지다. 약 기원전 5000년에 인류의 숫자는 불과 500만 명이었다. 불과 1만 년도 안 되는 짧은 시간 동안 늘어난 개체 수에 감탄하며, 인류가 세계의 지배자라고 착각해서는 곤란하

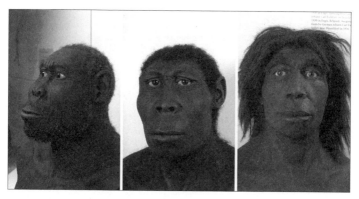

상상을 통해 복원한 다종의 인류. 왼쪽부터 호모 루돌펜시스, 호모 에렉투스, 호모 네안데르탈렌시스.(출처: 『사피엔스』, 25쪽, 김영사 제공)

다. 박테리아의 숫자는 인간보다 10^{20}배 정도 많다. 아주 오래전부터 말이다.

물론 독특한 사회적 인지 능력이나 문화적 인공물 등은 아주 인상적이다. 그러나 인간에게만 그렇다. 코끼리는 자신의 코를 찬양할 것이고, 흰개미는 거대한 탑을 칭송할 것이며, 고래는 엄청난 체구야말로 자신이 위대하다는 증거라고 할 것이다. 인간만 가진 독특한 형질은 생태적 환경에 따른 후속 결과에 불과하다. 아프리카 코끼리가 자신의 코를 보면서, 진보를 향한 불굴의 코끼리적 투쟁의 성과라고 주장하면, 코끼리 외에는 동의하는 동물이 별로 없을 것이다.

그래도 인간이니까

그래도 우리는 인간 아닌가? 그러니 닭 이야기 말고, 『사피엔스』의 이야기를 좀 정리해 보자. 저자는 인류의 긴 진화사와 초기 역사로 책을 시작한다. 다양한 호모속이 진화하던 과정에서 호모 사피엔스가 유일한 종으로 남는 과정을 말하고, 다종의 인류가 명멸한 과

폴란드 화가 얀 마테이크의 〈천문학자 코페르니쿠스 또는 신과의 대화〉(1873). 코페르니쿠스
혁명은 과학혁명의 출발점으로 평가된다. (출처: muzea.malopolska.pl)

정을 논의한다. 그리고 언어와 신화 등 인지적 혁명을 통해 사회가
건설되고 서식지가 확장된 이야기를 다룬다. 하필이면 이때 농사
를 짓기 시작했는데, 전염병과 불평등, 성차별 등 불행이 시작되었
다. 하지만 불행 속에서도 자식은 훨씬 많이 낳을 수 있었고, 인간
세상은 점점 커졌다. 다양한 직업이 생기고, 점점 계급이 분화하고,
이를 통해 기술과 문학, 예술이 발전했다. 과학혁명을 통해 기술적,
사회적 발명이 거듭되며, 인류 세계가 마냥 확장되었다. 특히 인류
가 공유하는 신념을 통해 모르는 사람 간의 대규모 협력이 일어났
는데, 정치와 경제, 법, 국가, 종교가 모두 이에 기반했다. 물론 현대
사회가 우리를 행복하게 해주는지는 모르겠다. 하지만 더 이상 기
아나 전쟁은 없을 것 같다고도 한다. 분명 더 나아질 것이다. 다만,
생태 환경을 더 잘 지키고, 자본에 너무 휘둘리지 말고, 기술 발전
의 양면성을 조화시켜야 한다면서 말이다.

아니, 닭 이야기와 비슷한데? 하지만 이 책이 가진 가치는 확실하다. 닭 이야기는 내가 대충 지어낸 것이지만, 이 책의 주장은 비교적 널리 인정되는 학문적 가설에 바탕하고 있다. 인류학과 역사학, 사회학, 신경과학, 환경학, 정치학, 경제학 등의 여러 이야기를 잘 조화시키고 있다. 입맛대로 골라 넣었다는 비판도 있지만, 학술서가 아니다. 반론을 죄다 소개했다가는 수백 권의 전집이 될 것이다. 물론 베스트셀러도 절대 되지 못했을 것이다. 좋은 과학 대중서다. 나도 언젠가 이런 책을 쓰고 싶다.

특히 『사피엔스』가 가진 가장 중요한 가치는 책의 내용이 아니라, 책이 거둔 흥행 자체다. 수많은 사람이 인류사에 관심을 가지게 되었고, 적지 않은 유사 도서가 쏟아져 나왔다. 인류의 과거에 관심을 가지는 사람이 많아지면, 더 좋은 연구자도 많아질 것이다. 그렇게 우리가 지나온 길에 대해 잘 알게 되면, 앞으로 어디로 가야 할지도 더 잘 알게 될 것이다.

공통의 믿음 혹은 생태적 적합성

수많은 주제를 다루고 있는 책이지만, 하나만 골라서 다뤄 보자. 아마도 많은 이가 동의할 가장 중요한 문장은 바로 이것이다.

우리가 특정한 질서를 신뢰하는 것은 그것이 객관적으로 진리이기 때문이 아니라, 그것을 믿으면 더 효과적으로 협력하고 더 나은 사회를 만들어 낼 수 있기 때문이다.(165-166쪽)

유발 하라리는 상호 주관성에 기반한 집단적 믿음이 인류 사회의 토대라고 주장한다. 그런데 인류는 정말 인지혁명에 힘입어, 공유된 믿음에 기반한 협력적 사회를 만든 것일까? 솔직히 잘 모르겠다. 사회적 뇌 가설은 가장 유명한 진화인류학적 가설 중 하나지만, 여전히 허약한 가설이다. 뇌와 사회가 공진화했다는 주장은 왜 뇌가 30만 년 전이나 지금이나 똑같은데, 사회는 수만 배 거대해졌는지 설명하기 어렵다. 뇌가 없어도 사회를 이룬 종도 있고, 사회가 없어도 똑똑한 종도 있다.

가을날 하늘을 수놓은 철새의 거대한 군무를 본 적 있는가? 고작 땅콩 크기의 뇌를 가졌지만, 수천수만의 철새는 동시에 여행을 떠난다. 지도자도, 문화도, 언어도 없다. 심지어 뇌가 아예 없는 벚나무는 한 번에 꽃 피워 한 번에 진다. 아예 생물이라고 하기도 어려운 코로나바이러스는 마치 약속한 듯 전 세계에서 유행했다. 집단적 현상을 위해 공유 믿음이 반드시 필요한 것은 아니다.

사실 우리의 공유 믿음은 세상에 관한 공유 해석일지도 모른다. 원인이 아니라 결과다. 집단적 결과가 나타난 후, 그에 관해 사후 해석을 내리는 것이다. 그렇다면 왜 어떤 믿음은 금세 사라지고, 어떤 믿음은 오래도록 유지되는지 설명할 수 있다. 생존에 도움이 되는 행동은 지속되며, 그에 관한 인지적 믿음도 오래 유지될 것이다. 반대로 사는 데 불리한 행동은 아무리 강력한 믿음을 강요해도 유지될 수 없을 것이다. 공유된 믿음에 기반한 수많은 정치 체제와 문화적 체계, 심지어 종교마저도 명멸을 반복했다. 생존과 번식에 도움이 되지 않으면, 공유 믿음 따위는 금방 사라진다.

인간은 점점 인공 환경에 적응해서 살아가고 있으므로, 집단적 믿음이 세상을 바꾼다는 착각에 빠진다. 그러나 그 믿음은 생존과 번식에 조응해야만 유지된다. 믿음과 믿음을 서로 재귀적으로 쌓아 가면서 공중에 집을 지을 수는 없다. 가끔 진화적 적응의 끈은 느슨해지지만, 그렇다고 해서 절대 끊어 낼 수는 없다.

인간을 포함한 모든 생물은 생태적 환경이라는 굴레에서 벗

2013년, 강연 중인 유발 하라리의 모습.(출처: 위키피디아)

어날 수 없다. 모든 생물은 생태적 환경과 손뼉을 마주치며 진화한
다. 그러면서 신체도 달라지고, 행동도 달라진다. 필요하면 사회적
조직도 만들고, 문화도 만든다. 물론 일시적 파열과 불일치는 있을
수 있다. 생존에 불리한 믿음도 잠시 잠깐은 가능하다. 그러나 영원
히 지속되는 불일치는 없다.

    게다가 7만 년 전에 이룬 인지혁명이라니? 그때 무슨 일이 있
었다는 것인가? 이 책의 실증적 주장에 가장 큰 타격을 준 부분이
바로 '7만 년' 부분이다. 왜 8만 년도 아니고, 6만 년도 아니고, 7만
년인가? 마치 어느 순간 '미개인'이 '문명인'으로 도약했다는 뉘앙
스다. 스탠리 큐브릭이 감독한 〈2001: 스페이스 오디세이〉의 첫

장면처럼 '모노리스(monolith)'*라도 만난 것일까?

　　우리는 지구의 표면 위에 얇게 펼쳐진 생물권 내에서 꿈틀거리며 살아가는 생물 종의 하나일 뿐이다. 가끔씩 대기권 위로 로켓을 쏘아 올린다고 해서 엄청난 것을 이루었다고 생각해서는 안 된다. 고등학교 때 삼각함수를 처음 배우면서 그 오묘한 원리를 깨닫는 '인지혁명'을 이루었지만, 지금은 다 까먹었다. 수능을 다시 볼 일이 없기 때문이다. 필요하지 않으면, 설령 인지혁명이 있었다고 해도 곧 사라진다. 배가 고프거나 짝을 찾거나 위험을 피하기 위해서만 무거운 몸을 움직이는 존재가 인간이다. 인지도 마찬가지다. 생태적 환경과 무관한 형질은 낭비다. 절대 홀로 진화할 수 없다.

'생각'하며 읽어야 할 책

칼 폰 린네(Carl von Linne)는 『자연의 체계(Systema Naturae)』 제9판에서 인간을 이렇게 정의했다.

Primates: Anthropomorpha: Homo, Nosce te ipsum

　　'노스케 테 입숨(Nosce te ipsum)'은 '자신을 안다'는 뜻이다. 소크라테스가 처음 했던 말로 널리 잘못 알려져 있다. 그러다가 린네는 책의 10판에서야 이명법, 즉 속과 종으로 생물 종을 기술하는 방법을 제안하면서, 호모 사피엔스(Homo sapiens)라는 말을 썼다. 즉 린

---

* 영화에서 원시적 삶을 살던 인류의 조상은 외계인이 보낸 검은 석판, 모노리스를 만난 후 지적 도약을 시작한다. 작중의 모노리스가 무엇을 상징하는지에 대해서는 논란이 분분하지만, 대개 인류의 인지적 진화와 문명의 건설, 그리고 초월적 도약을 돕는 외계의 힘으로 간주된다.

생물분류학의 기초를 놓았다고 평가되는 칼 폰 린네의 초상.(출처: picryl.com)

네가 생각한 가장 중요한 사피엔스의 특징은 바로 '자신을 아는' 형질이다.

　　종종 우리는 환상 속에서 살아간다. 자신을 과도하게 치켜 세우기도 하고, 과도하게 비하하기도 한다. 자신을 제대로 아는 사람이 있다면, 소크라테스가 늘 '자신을 알라'며 설교하지도 않았을 것이다. 그런 의미에서 린네가 말한 노스케 테 입숨은 자연적 사실이 아니라, 이상적 상태에 관한 기술인지도 모르겠다.

유발 하라리의 『사피엔스』는 참 잘 쓰인 책이다. 주장의 상당 부분은 널리 알려진 가설이며, 과도한 비약도 별로 없다. 그러나 여전히 하나의 스토리다. '노스케 테 입숨'을 하기에 최적의 책이 아니며, 최후의 책은 더더욱 아니다. 특히 인류의 미래에 관한 언급이 그렇다. 어쩔 수 없는 일이다. 누가 미래를 알겠는가? 그러니 너무 열광하지도 말고, 너무 의심스럽게 보지도 말자. 어렵지 않다. 우리는 '자신을 아는' 동물이니까. **서리북**

박한선
서울대학교 인류학과 교수, 진화인류학자, 정신과 전문의. 대표 저서로 『감염병 인류』(공저), 『마음으로부터 일곱 발자국』, 『휴먼디자인』 등이 있다.

📖 인류의 역사와 세계 문명의 발전에 관한 깊고 색다른
분석을 제시하는 명저. 지리학, 인류학, 생물학, 문화학 등
다양한 관점에서 문명의 발전과 쇠망을 이야기하며,
인간 문명에 관한 통찰력을 제시해 주는 우리 시대의 고전.

"나는 인간 사회에 대한 역사적 연구도 공룡에 대한
연구만큼이나 과학적일 수 있을 거라고, 아울러 그것이
현대 세계가 어떻게 형성되었고 우리의 미래는 어떻게 될지
가르쳐 줄 것이기 때문에 지금의 우리 사회에도 유익할
거라고 확신한다."— 책 속에서

『총 균 쇠』
재레드 다이아몬드 지음
강주헌 옮김
김영사, 2023(출간 25년
기념 뉴에디션)

📖 『사피엔스』에 이어서 인류의 미래에 관한 저자의 독특한
혜안을 제공하는 흥미로운 예측서. 역사와 과학, 철학을 넘어
기술과 인공지능의 시대에 인류의 미래가 어떻게 전개될지에
관한 설득력 있는 시나리오를 제시한다. 『사피엔스』가
마음에 들었다면, 이어서 읽어 볼 만한 책.

"모든 분야의 학자들은 우리의 지평을 넓히고 그럼으로써
우리 앞에 새로운 미지의 미래를 열고자 한다. (……)
역사학자들이 과거를 연구하는 것은 그것을 반복하기
위해서가 아니라, 그것에서 해방되기 위해서이다."
— 책 속에서

『호모 데우스』
유발 하라리 지음
김명주 옮김
김영사, 2017

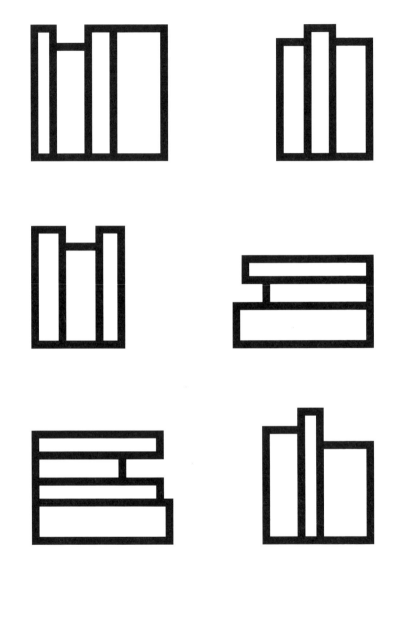

이마고 문디

디자인 리뷰

북&메이커

서울
리뷰 오브
북스

이마고 문디

셀린 시아마의 〈타오르는 여인의 초상〉.(출처: 그린나래미디어(주) 제공)

〈타오르는 여인의 초상〉, 너무 많은 평등에 대한 불만들

이연숙 (리타)

사랑은 아프다. 상대가 언제든 내 껍질을 들고 떠나 버릴 수 있다는 걸 알면서도 산 채로 껍질을 벗기라고 몸을 다 내놓고 있는 기분이다.*

평등한 카메라

〈타오르는 여인의 초상(Portrait of a Lady on Fire, Portrait de la jeune fille en feu)〉(2019)은 셀린 시아마의 네 번째 장편 영화로, 화가 마리안느(노에미 메를랑 연기)와 귀족 엘로이즈(아델 에넬 연기) 간의 사랑을 다루는 진지하고 아름다운 드라마다. 이 영화가 칸 영화제의 황금종려상 경쟁작에 선정되었을 뿐만 아니라 각본상, 퀴어종려상 등을 수상했다는 사실은 한국에서 정식으로 개봉하기 이전부터 많은 여성-예술-퀴어들을 설레게 만들었다. 더욱이 권위 있는 비평가들의 열정적인 찬사와 리뷰 사이트의 기록적인 스코어는 일찍이 국내 팬들로 하여금 이 영화에 '불초상'이라는 명예로운 닉네임을 수여하도록 만들었다.** 그리하여 대망의 2020년 1월 16일, 〈타

---

* 수전 손택, 데이비드 리프 엮음, 김선형 옮김, 『다시 태어나다』(이후, 2013), 335쪽.
** 정식 개봉 전에는 모두가 "불타는 여인의 초상"으로 번역했다.

오르는 여인의 초상〉은 배급사 그린나래미디어(주)를 통해 정식으로 개봉했다.

 〈타오르는 여인의 초상〉에 대한 지배적인 평가를 압축적으로 예시하기 위해 《씨네21》의 '전문가 20자 평'을 예시로 드는 것이 적절해 보인다. 임수연의 "시선의 권력이 평등의 근거로, 완벽한 사랑으로 전위되는 기적"을 포함해, 최근 남성 중심의 영화 비평에서 대안적 인물로 입지를 확고히 하고 있는 김혜리의 "착취하지 않는 응시로 고양된 예술"과 같은 평에서 〈타오르는 여인의 초상〉의 주변을 떠도는 '민주적인' 단어들은, 놀라울 정도로 트페미(트위터를 중심으로 결집한 페미니스트)들이 지향하는 여성주의적 정치적 올바름에 부합한다.* 그러니 한 트위터리안의 말대로 "카메라 앵글마저 매우 평등"**한 〈타오르는 여인의 초상〉을 남성 중심적 응시와 가부장제적 착취에서 벗어난 여성주의적 재현의 모범적 대안으로 소비하지 않기란 거의 불가능한 일처럼 보인다. 실로 그러한 것이, 감독인 셀린 시아마 본인이 인터뷰에서 여러 번 밝혔듯 〈타오르는 여인의 초상〉은 '어떻게 여성을 대상화하지 않고 여성을 재현할 수 있을까'에 대한 오랜 사투의 과정이자 결과이고, 따라서 "카메라 앵글마저 평등"하다는 감상은 정확히 〈타오르는 여인의 초상〉을 위한 것일 수밖에 없기 때문이다.

 영화의 언어적인 차원에서 셀린 시아마는 응시-대상 이론의 남성 중심적 전제를 역전시켜 관객들에게 여성적 응시의 유연함

---

* 임수연·김혜리, 「〈타오르는 여인의 초상〉—전문가 20자 평」, 《씨네21》.(http://m.cine21.com/movie/minfo/?movie_id=55336)

** 리지(@lesszylog), 트위터, 2020년 2월 1일.(https://twitter.com/leezylog/status/1223294767531884545?s=20) 전문은 다음과 같다. "두 명이 등장하는 경우엔 어느 한 명을 센터에 두고 치우치거나 하지 않은 안정된 데칼코마니 구도를 보여 주는데 카메라 앵글마저 매우 평등."

셀린 시아마의 〈타오르는 여인의 초상〉.(출처: 그린나래미디어(주) 제공)

이 가진 가능성을 부드럽게 강제한다. 어떻게? 카메라를 통해서. 영화 속에서 우리는 오로지 화가가 보는 것을 화가의 관점으로 본다. 혹은 화가와 귀족이 같은 시점에서 서로를 번갈아 보는 것을 본다. 완전히 수평적인 카메라의 시선으로 화가, 귀족, 하인을 동시에 본다. 외부로부터 침입하는 모든 시점을 완고하게 거절함으로써 우리-카메라의 시선은 각각의 인물들에게 평등하게 분할되며, 동시에 세 인물 중 누구에게도 드라마틱한 줌 인/아웃이 동원되지 않음으로써 카메라를 통한 편향적인 동일시 역시 일어나지 않는다. 관객들은 호흡이 긴 리버스 쇼트를 통해 (그들을 대상화하기보다) 그들의 호흡 속에 머무르기를 요청받는다. 이처럼 단순한 그러나 고압적인 카메라의 규칙들은 관객들 중 누구도 하나의 단일한 인물, 하나의 온전한 장면을 장악하게 두지 않는다. 〈타오르는 여인의 초상〉의 파편적이고 다성적인 여성적 응시에 대한 실험에서, 우리는 쉽게 감독 자신이 존경해 마지않는 여성주의 영화사의 기념비적인 인물인 아녜스 바르다뿐만 아니라 샹탈 아커만, 로라 멀비를 발견할 수 있게 된다.

······그리고 불평등한 사랑

그러나 평등한 카메라의 사용이 다른 모든 레즈비언을 다룬 영화
에 대한 〈타오르는 여인의 초상〉의 윤리적 우위를 뜻한다고 볼 수
는 없다. 기실 어떤 영화도 다른 영화에 비해 더 윤리적이거나 덜
윤리적일 수는 없다(더 교훈적이라거나 도덕적이라고 말할 수는 있겠다). 만일
우리가 어떤 영화에 대해 그것이 우리의 새로운 윤리적 감각을 제
고하고 확장하기 때문에 좋은 평가를 받아야 마땅하다고 말한다
면, 바로 그 어떤 영화들은 차라리 자살하기를 택할지도 모른다.

　　그러나 여성주의가 대중주의와 영합해 특수한 문화적 전선
을 형성한 결과로서 모든 시각적 쾌락이 속수무책으로 가부장제
와 남성 중심주의, 마지막으로 이성애 중심주의와 같은 블랙홀 속
으로 빨려 들어가 흔적도 없이 사라지는 것을 보고 있자면, 우리가
어떤 영화의 자살을 막을 수 없다는 것은 분명해 보인다. 나는 이
제는 역사의 뒤안길로 사라진 옛날의 좋았던 포르노들에 대한 그
리움을 토로하려는 것이 아니다. 다만 기계적인 여성주의 비평의
주류가 영화를 메시지 또는 프로파간다 이외의 것으로 판단하지
못하는 것, 아니 판단할 능력을 고의적으로 상실한 것, 그리해서 영
화에 대해 찬성 혹은 반대(대체 무엇에 대해서?)하는 소비자들만을 양
산하게 된 것에 심각성을 느낄 뿐이다.

　　더욱이 〈타오르는 여인의 초상〉에 대해 여성들 간의 평등, 심
지어는 연대, 자매애라는 단어를 통하지 않고서는 한 마디도 할 수
없는 사람들에게 내가 곧바로 참을성을 잃어버리는 지점은, 두 여
성이 평등하므로(이조차 반박할 여지가 없는 것은 아니지만) 그들의 사랑은
당연히 평등하고 그러므로 다른 평등하지 못한 사랑들에 대해 도
덕적으로 우월하다는 결론으로 수렴될 때다.

　　우선 〈타오르는 여인의 초상〉의 여성들이 평등하다는 착각에

셀린 시아마의 〈타오르는 여인의 초상〉.(출처: 그린나래미디어(주) 제공)

대해서는 뒤에서 다시 따져 볼 예정이지만, 단숨에 떠오르는 반례
는 화가가 귀족의 초상을 그리기 위해 귀족을 관찰할 때 그녀의 대
사다. "그렇지 않아요. 우리는 평등해요……. 이리 와보세요." 이토
록 부드럽고 귀족적인 명령이라니, 사랑에 빠지지 않았던들 네 발
로 기어 그녀의 발 앞에 조아려도 모자랄 것이다.

　　보다시피 사랑은 언제나 명령형으로 말한다. 아니 그것은 언
제나 명령형으로 들린다. 이리 와보세요, 사랑해 주세요, 날 버리
지 마세요 등등. 가장 순진하고 고양된 단계에서 사랑하는 두 사람
은, 상대방의 미스터리에 꼼짝없이 사로잡히고 복종한다. 미스터
리를 가졌다고 가정되는 한에서 상대방은 언제나 나에 대해 신비
롭고 심지어 초월적이다. 여기서 문제는 내게서 상대방의 살갗만
큼이나 분명하게 만져질 수 있는 미스터리가 사실은 상대방에게
속해 있지 않다는 점이다. 그러므로 서로의 미스터리에 빠져 있는
두 사람은 눈앞의 상대방이 아니라 자신이 가정한 상대의 미스터
리에 대해 (모든 것이 고갈될 때까지) 심문한다. 마침내 최고로 이기적이
고 폭력적인 형태의 이 사랑은, 상대의 피부 안쪽을 헤집고 벌떡거

셀린 시아마의 〈타오르는 여인의 초상〉.(출처: 그린나래미디어(주) 제공)

리는 심장을 터지도록 쥐어짜 내기 전까지, 궁극의 미스터리를 두 눈으로 확인하기 전까지 만족할 줄 모를 것이다. 각자의 심장을 거는 내기에 걸린 판돈은 그들의 목숨이고, 사랑에 빠진 어리석은 자들은 그들 자신이 만든 규칙에 순순히 항복한다. 터질 듯한 환희와 나락 같은 절망을 오가며, 그들은 자기 자신이 상대에게서 창조한 종교적 열광에 취해 서로를 등지고 쓰러진다.

　　지금까지 내가 오로지 사랑의 병적인 측면에 대해서만 묘사한 것이라고 할지라도, 나는 어떤 대상을 향한 사랑이 최소한의 미스터리 없이는 시작될 수 없다고 말하고 싶다. 그리고 그러한 미스터리로 인한 동일시의 지속적인 좌절과 실패가, 사랑하는 두 사람을 오르페우스와 에우리디케만큼이나 먼 곳으로 데려다 놓을 것이다. 두 사람을 영원히 갈라놓는 합일 불가능성에 대한 헛된 기도와 바보 같은 충동들이 삶에서 우리가 사랑이라 부르는 열망의 전부라면, 무엇도 제정신인 채 평등하게 나눠질 수는 없을 것이다.

……그리고 불평등한 계급

이제 〈타오르는 여인의 초상〉의 세 주인공 중 하나인 하녀 소피(루아나 바야미 연기)와 평등에 대해서 생각해 보자. 덮어놓고 〈타오르는 여인의 초상〉이 평등한 여성주의 영화라고 주장하는 사람들의 특징은, 세 사람의 주인공——귀족, 화가, 하녀——의 계급적 차이에 대해서 아무런 문제의식을 느끼지 못한다는 점이다. 이들은 대체로 세 사람 사이에 존재하는 계급적 피라미드에 대해 아예 언급하지 않거나 혹은 이들의 차이가 이상적인 또는 일시적인 민주적 공동체 내에서 서서히 협상된 것으로 가정한다. 기이하게도, 이러한 무관심함은 28세의 감독 셀린 시아마가 17세의 배우 아델 에넬을 〈워터 릴리스(Water Lilies, Naissance des pieuvres)〉(2007)의 촬영장에서 처음 만나 이후 10년 동안 연애를 지속했다는 무시무시한 이야기에 그들 대부분이 베푸는 자비로움과도 공명한다. 말하자면 선택적인 무관심함을 가장한 평등에 대한 애호가 영화는 물론이고 영화의 옹호자들에게서도 발견된다는 것이다.

　　영화 속에서 하녀는 귀족과도, 화가와도 다른 역할과 기능을 수행한다. 요컨대 귀족과 화가가 오르페우스-에우리디케의 비극의 모티프가 되는 금기('뒤돌아보면 안 돼')를 구제할 수 없는 사랑에 빠진 두 사람 사이의 자발적 합의('뒤돌아봐')로 전환하는 그 순간에, 하녀는 분명히 말한다. '왜 그런 멍청한 짓을! 돌아보지 말라고 했잖아요!' 이 감동적인 장면에서, 하녀는 그들과 분리되며 분명히 그들의 뒤로 물러선다. 하녀는 귀족과 화가와는 다르게 그들의 멍청한, 열정적인 관계 바깥으로 빠져나와 있는 존재다. 또한 하녀가 낙태 시술(또는 '처치')을 받은 뒤 귀족이 하녀와 포즈를 취하는 장면은 어떤가? 최초의 장면에서 화가가 실제로 직면하기 고통스러워했던 바로 그 장면이 눈앞에서 재현되고, 귀족은 마녀(산파)가 되지만,

셀린 시아마의 〈타오르는 여인의 초상〉.(출처: 그린나래미디어(주) 제공)

하녀는 그저 또다시 낙태 중인 포즈를 취할 따름이다. 왜 하필 그 포즈를 반복해야만 했을까? 물론 우리는 여기서 성화의 모티프나 레즈비언 섹스에 대한 은유를 읽을 수도 있고, 여성들은 덜 심각한 문제들만 그리도록 허용된 18세기 유럽의 여권에 대한 도발적인 재해석을 감지할 수도 있을 것이다. 또는 귀족과 화가가 하녀로 하여금 그녀가 겪었던 고통의 순간을 재연하게 함으로써 그 일을 심각하지 않은 것으로 만들어 주려 한 것일 수도 있다. 그럼에도 불구하고 영화 속에서 누구도 하녀에게 그러고 싶냐고 묻지 않았다 (또 묻는다 한들, 하녀가 거절을 할 위치인가?). 같은 장면 속에서 화가와 귀족이 예술적으로 그들의 트라우마를 승화하는 반면 하녀는 (낙태 시술을 받을 때와 마찬가지로) 보여지는 피사체이자 수동적인 대상으로 전락하는 것처럼 보인다. 분명 하녀는 귀족과 화가와는 다른 위치에 서 있다.

셀린 시아마의 〈타오르는 여인의 초상〉.(출처: 그린나래미디어(주) 제공)

사랑이라는 재난

〈타오르는 여인의 초상〉에서 두 사람의 이별은 단 한 번의 치명적인 자상처럼 빠르게 묘사된다. 눈물이 터져 오를 순간에 호흡이 멈추고 화면은 블랙아웃된다. 침묵. 찢어질 듯한 실연의 고통은 정지된 비극의 한 장면으로 영원히 지연된다. 이러한 정지는 두 사람의 시간을 순식간에 영구적 동결 보존 상태로 만드는 것에 다름 아니다. 그러니 무엇도 부패하거나 사라지지 않는다. 파우스트 박사의 주문처럼 순간은 멈추었고 아름다운 채로 결박되었다. 그리고 두 사람은 어느 때고 '28페이지'를 펴거나 '비발디의 여름'을 들으면서 서로를 소망할 것이지만 천천히―다른 모든 사랑들과 마찬가지로―그 간절함의 횟수가 줄어들 것이다. 그러니 서로를 매일같이 지옥으로 몰아넣으면서 갉아먹는 현실의 비참한 사랑과, 시와 그림, 음악과 마지막 장면으로 서로를 박제해 버린 그들의 사랑 중에서 뭐가 더 우월한지를 가리는 것은 별 의미가 없을 것이다.

나는 차라리 〈타오르는 여인의 초상〉의 두 사람이 얼마나 지

독하게 이기적인 예술가들인지, 그리고 이 탐욕스러운 예술가들이 동시에 사랑에 빠지면 어떤 파국이 벌어지는지에 대해 분명히 일깨우고 싶다. 두 사람이 헤어지는 이유는 내게 있어서 가부장제의 현실 때문도, 예술가 감독의 고루한 낭만주의 때문도 아니다. 두 사람이 앞으로 맞닥뜨릴 현실적인 고난(당연히 있겠지만) 때문도 아니다. 두 사람은 직감적으로 알고 있는 것이다. 각자의 비대한 예술가로서의 자아가 근 시일 내에 충돌하여 자신들을 포함한 주변 모두를 망가뜨리고 말 것임을. 그러므로 마지막 시퀀스에서 마침내 '비발디의 여름'을 듣게 된 귀족의 표정을 담은 긴 클로즈업이 (조금 섬뜩한) 미소로 마무리되는 것은 옛 사랑에 대한 벅차오르는 회한 같은 것 때문이 아니다. 그것은 처참하게 붕괴된 재난 현장에서 가까스로 대피한 사람의 가슴속에서 솟구쳐 오르는 사악한 안도감의 미소다. 나는 저기서 살아남았다는…….

　　물론 농담이다. 이런 농담에 어울리는 예시 하나. 세상에는 〈타오르는 여인의 초상〉의 귀족과 화가와는 달리, '재난 현장'에서 그냥 살기를 택했던 레즈비언 예술가 커플들도 많다. 이를테면 수전 손택과 애니 레보비츠가 그렇다. 지난 2019년 9월 출간된 벤자민 모저가 쓴 수전 손택의 전기인 『손택(SONTAG)』은 무엇보다 수전 손택이 얼마나 애니 레보비츠를 정서적으로 학대했는지, 그들의 관계에 대해 얼마나 많은 사람들이 부정적인 증언을 해왔는지를 구체적으로 수집했다는 점에서 여러 매체에 의해 주목을 받았다.* 많은 사람들이 두 사람의 공공연하고 동시에 비밀스러운 10

---

* 이를테면, 다음의 기사가 그렇다. Sara Nathan, "Susan Sontag mercilessly bullied lover Annie Leibovitz, new book reveals", *Page Six*, September 18, 2019.(https://pagesix.com/2019/09/18/susan-sontag-mercilessly-bullied-lover-annie-leibovitz-new-book-reveals/)

셀린 시아마의 〈타오르는 여인의 초상〉.(출처: 그린나래미디어(주) 제공)

여 년간의 우정-애정(요컨대 '퀴어 친밀성')에 대해서 마치 이제야 알기라도 한 듯 열광적으로 분노했다. 요는 그렇게나 지식인의 책임과 미학과 윤리(이 두 가지가 상충되는가? 나로서는 알 수 없다)에 대해 말해 온 위대한 '여성' 작가가, 자신의 사적인 관계에 있어서는 어떻게 그토록 끔찍하고 가학적인 가스라이팅을 저지를 수 있냐는 것이다.

　나는 손택이 얼마나 레보비츠를 학대했는지, 두 사람이 구체적으로 무슨 말을 나눴는지에 대해서는 사실상 전혀 관심이 없다. 다만 벤자민 모저의 묘사인 '두 사람은 딱 들어맞는 퍼즐이었다'는 문장에 오래 붙들려 있었을 따름이다.* 어차피 두 사람이 무슨 대화를 주고받았으며 어디까지 허락하는 사이였는지, 10여 년의 파트너 관계——한 사람은 이미 죽었다——에 속한 당사자가 아니라면 어떻게 알겠는가? 다만 손택이 죽기 직전까지 '가까운 친구'

---

* Nina Siegal, "A Big New Biography of Susan Sontag Digs to Find the Person Beneath the Icon", *The New York Times*, September 15, 2019.(https://www.nytimes.com/2019/09/15/books/susan-sontag-biography-benjamin-moser.html)

로서 자신의 침대 위에 누워 있는 누드를 포함해, 알려진 그녀의 사진 대부분을 촬영했고, 심지어는 그녀의 임종 직후를 찍은 사진을 애도의 차원에서 출판함으로써 갖은 윤리적 심문을 당한 대가가 고작 가스라이팅의 피해자로 전락하는 것이라면, 우리는 예술가들의 사랑과 연애에 대해 그냥 그만 알아봐도 될 것 같다. 그 어떤 말로 추궁한들 레보비츠의 대답은 언제나 한결같을 것이기 때문이다. **서리북**

이연숙
닉네임 리타. 대중문화와 시각 예술에 대한 글을 쓴다. 소수(자)적인 것들의 존재 양식에 관심 있다. 기획/출판 콜렉티브 '아그라파 소사이어티'의 일원으로서 웹진 《세미나》를 발간했다. 프로젝트 'OFF'라는 이름으로 페미니즘 강연과 비평을 공동 기획했다. 블로그(http://blog.naver.com/hotleve)를 운영한다. 2015 크리틱엠 만화평론 우수상, 2021 SeMA-하나 평론상을 수상했다.

📖 이 책은 사랑이라는 사적인 사건이 어떻게 현대사의
정치적 사건과 관계하는지를 다양한 예시를 통해 보여 준다.
책 속에서 사랑과 혁명은 이미 동의어이다. 〈타오르는 여인의
초상〉의 두 인물이 짧은 만남 이후 제자리로 돌아간 것이
아니라, 이미 상대로 인해 돌이킬 수 없는 변형을 겪었으리라
믿고 싶은 이들에게 권하고 싶은 책.

"이것이 사랑에 빠지는 것의 진정한 의미. 결과가
어떻든 간에 위험을 무릅쓰는 것. 이 숙명적인 만남으로 인해
일상의 좌표가 변경되리라는 점을 알면서도, 오히려 바로
그런 이유에서 만남을 갈구하는 것. 그 밖에 무엇이
더 필요하겠는가?" — 책 속에서

『사랑의 급진성』
스레츠코 호르바트 지음
변진경 옮김
오월의봄, 2017

📖 합일에 대한 불가능한 열망은 어쩌면 사랑에 대한 가장
오래된 환상 중 하나일 것이다. 바디우는 이 책에서 합일이
아닌 '두 사람의 무대'로 사랑을 정식화한다. 하나로 수렴될
수 없는 둘은 서로의 차이 속에서 서로를 다시 제작한다.
만약 〈타오르는 여인의 초상〉의 두 사람이 '끝까지' 함께
했다면 우리는 무엇을 볼 수 있었을까?

"사랑의 절차는 난폭한 물음, 견디기 힘든 고통, 우리가
극복하거나 극복하지 못하는 이별 따위를 동반합니다.
사랑의 절차는 주체적인 삶의 가장 고통스러운 경험들
가운데 하나이며, 이러한 사실을 반드시 인식해야 합니다."
— 책 속에서

『사랑 예찬』
알랭 바디우 지음
조재룡 옮김
도서출판 길, 2010

영화와 북 디자인, 시간과 공간의 재탄생

정재완

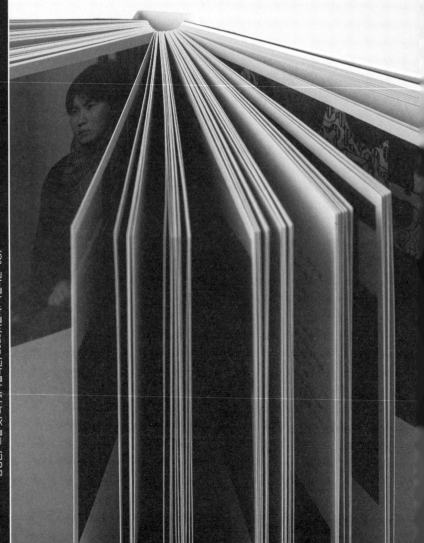

강정원, 『스틸 컷 희수』(사월의눈, 2023). (출처: 사월의눈 제공)

영화를 책으로 만드는 일은 움직이는 화면을 정지된 종이 위에 옮기는 것이다. 이것은 고도로 연출된 영화의 많은 장치를 제거하는 일이다. 그래서 영화를 보고 난 후의 복합적인 감정을 책을 보면서 일대일로 대응하기란 불가능에 가깝다. 하지만 정지된 지면 속에서도 운동감과 연속성을 만들어 낸다든지 타이포그래피의 표현력을 극대화하는 등 한계를 극복하면서 동시에 책의 고유한 물성과 구조를 보여 주기도 한다.

책은 육면체다. 부피를 가진 사물이다. 한 장의 종이에 글자와 그림을 배치하고 첫 줄부터 마지막 줄까지 시간을 연출한다. 종이는 앞면(recto)과 뒷면(verso)이 있어서 공간을 끊임없이 연결하는 지면 구조를 가진다. 북 디자이너는 시간과 공간을 의식적으로나 무의식적으로 긴밀하게 고려할 수밖에 없다. 그래서 스포츠나 음악을 책으로 옮기는 것은 디자이너에게 흥미로운 도전이다. 심지어 움직임과 소리, 그리고 적당한 길이의 내러티브를 갖춘 영화라는 장르는 책으로 만들기에 더없이 매력적이다.

아트북(사진책, 미술 도록)은 작품과 책이 긴밀하게 상호작용한다. 전시된 작품을 책으로 만드는 창작자도 있지만, 책을 출판하기 위해서 작품을 만드는 창작자도 있다. 작품의 종착역은 전시장이나 콜렉터의 벽면, 극장 스크린이 아니라 수많은 독자들이 손에 들고 펴 보는 책의 지면이 된다. 시공간의 제약을 벗어난다는 책의 속성을 굳이 설명하지 않더라도 책을 통해 완성되는 내러티브는 작가의 의도와 작품의 완성도를 더욱 구체화한다.

강성우, 『임군을 찾아서』(휴마니타스, 2020), 북 디자인 신덕호.(출처: 『임군을 찾아서』, 휴마니타스 제공)

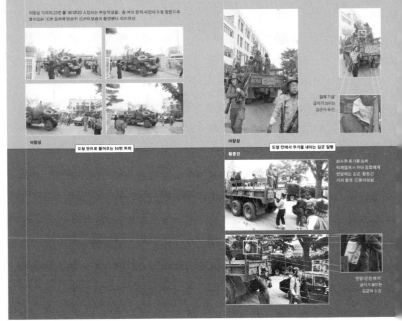

영화보다 사실적인 흑백 지면

『김군을 찾아서』는 강상우 감독이 연출한 다큐멘터리 영화
〈김군〉(2019)과 연결된 책이다. 1980년 5월 광주에서 촬영된
사진 속 한 사람을 추적하는 영화〈김군〉은 광주 민주화 운동에
대해 북한 지령을 받은 폭도들이 일으킨 만행이라고 주장하는
한쪽 의견에 대한 치열한 반론이다. 감독은 영화에 미처 담지
못한 이야기를 정리해서『김군을 찾아서』를 냈다. 차례 페이지는
본문과의 연결을 구체화시켰다. 북한 특수군 '제1광수'라는
낙인이 붙은 사진의 전말을 파헤치는 작품 의도에 걸맞게 사각형
프레임은 독자의 호기심을 본문으로 이끈다.

본문 2부 '사진 분석'은 정지된 화면으로서의 장점을
극대화했다. 음성 인터뷰, 사운드 등의 개입을 모두 배제한 건조한
흑백 지면은 영화보다 사실적이다. 사진 배치와 설명 글은 상황을
입체적으로 이해할 수 있도록 한다. 인쇄된 지면에 연출한 정보
그래픽은 수많은 시청각 효과를 거부함으로써 더욱 세밀한
묘사를 가능하게 한다. 지면을 응시하며 시간을 붙드는 것 또한
독자의 몫이다.

텍스트와 이미지의 콜라주

『하녀 시나리오』는 김기영 감독이 연출한 영화〈하녀〉(1960)의
각본집이다. 보통 각본집이 텍스트로만 이루어진 것과 달리『하녀
시나리오』는 한국영상자료원에서 디지털 복원을 한 스틸 컷을
본문에 삽입한 것이 특징이다. 책에서 스틸 컷은 영화의 시간
순서를 따라간다. 본문 왼쪽 면에 두 장면을 위아래로 배치했다.
오른쪽 글자 배치가 평면적이라면 왼쪽 스틸 컷은 영화의 공간을
입체적으로 보여 준다.

책 도입부에 넣은 60년 전 영화 속 강렬한 자막 타이틀이
인상적이다. 김기호 영상복원팀장은 다음과 같이 말한다. "자막은
지워져야 하는 대상인가? 물론 원본의 역사성은 보존되어야
한다는 측면에서 자막은 원본이 아니므로 지우는 것이 맞다.
하지만 '덧칠된 역사성'으로서의 자막은 '해당 시점에서의
또 다른 원본의 형태'로 받아들일 수도 있다."(『하녀 시나리오』, 226쪽)
화면에 글자를 입히는 기술은 60년 전과 지금 크게 다르다.
글자의 형태는 글자를 쓰는 도구와 기술의 사정을 반영한다.
적어도 그래픽 디자인 분야에서만큼은 자막은 중요한 역사적
사실이 맞다. 눈 밝은 편집자와 디자이너는 이를 놓치지 않았다.

영화 각본집에 스틸 컷을 넣기 어려운 것은 초상권 계약
문제가 크다. 『하녀 시나리오』처럼 스틸 컷 사용이 가능한
경우도 있지만, 대부분 책에서는 시도하기 어렵다. 물론 각본집
텍스트만으로도 완성도가 높아 고유한 작품의 가치를 획득하기도
하고, 때로는 이미지 없는 책이 독자의 시각적 상상력을 열어 주는
경우도 있으니 스틸 컷이 반드시 필요한 것은 아니다. 최근에는
영화를 소장하고 싶은 관객 독자의 요구에 반응하기도 한다.

영화 〈기생충〉(2019)은 관객 독자에게 적절한 기념품을
소장할 수 있도록 했다. 『기생충 각본집, 스토리보드북 세트』는
텍스트와 이미지가 한 쌍이다. 각본과 스토리보드는 영화를 찍기
위해서 존재하기도 하지만 이 책들을 보고 있으면 그 자체로
하나의 완성된 작품이다. 각본집은 문자로 조판되어 있지만,
후반부에는 '장면' 파트가 있어서 영화의 여운을 불러일으킨다.
봉준호 감독이 그린 스토리보드는 영화 장면과 거의 일치한다.
이런 섬세한 스케치는 한 권의 웹툰을 보는 듯하다. 표지 디자인
또한 사진과 그림이 한 쌍을 이루고 있다.

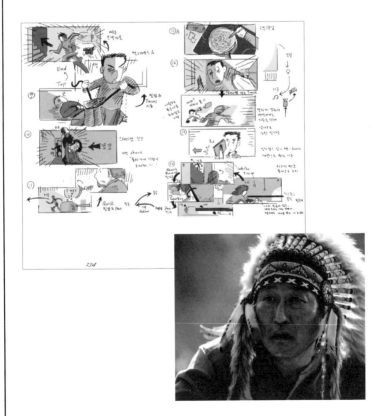

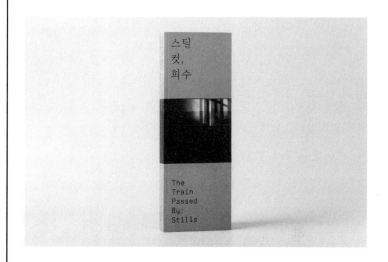

영화의 시간, 책의 시간

감정원 감독이 연출한 영화 〈희수〉(2021)는 대구 비산동 염색
공단에서 일하다 사망한 여성 노동자의 이야기다. 쉴 틈 없이 일만
하는 주인공 희수가 그토록 가고 싶었던 여행은 죽음 이후에야
가능했다. 영화 스틸 컷으로 만든 사진책 『스틸 컷, 희수』 본문은
죽은 희수의 시간과 남아 있는 학선(남자친구)의 시간, 그리고 둘이
함께했던 시간이 분리되어 평행으로 흐른다. 1 대 3이라는 극적인
포맷은 영화의 2 대 1 화면 비율에서 비롯된 것이다. 펼침 면에
연출되는 세 공간은 책의 물리적 판형에 간섭한다. 시간은 때로
겹치기도 하며 모호함을 지니지만, 결국 둘의 시간은 영원히
만나지 않는 기찻길과 같다. 영화는 각자의 시간이 뒤섞여 있는
편집 방법을 선택했지만, 책은 사건이 일어난 순서에 충실했다.
영화의 시간과 책의 시간은 애초부터 똑같을 수 없다. 책을 편집한
전가경은 에필로그에 "영화이기 때문에 보여 줄 수 있고 보여 줄
수 없던 것을, 책이기 때문에 보여 줄 수 없고 동시에 보여 줄 수
있는 것을 표현하고자 했다"(『스틸 컷, 희수』, 231쪽)고 썼다.

김정원, 『스틸 컷, 희수』(사월의눈, 2023). 북 디자인 정재완.(출처: 『스틸 컷, 희수』, 사월의눈 제공)

시간과 공간의 재탄생

이미지와 텍스트는 미디어를 통과하면 절반만 전달된다. 그래서 번역(飜譯)은 반역(半譯)인 셈이다. 때로는 반(半)이 아닌 반(反)이 되기도 한다. 한 예능 프로그램에서 인기를 끌었던 '고요 속의 외침'처럼 매개자가 아무리 애써서 전달하려고 해도 거치는 사람이 많을수록 애초의 단어나 그림은 전혀 다른 것이 되어 재탄생한다. 아트북(사진책, 미술 도록) 디자이너 입장에서는 한 권의 책에서 내용과 형식이 동일한 비중을 차지한다. 오로지 내용만 다른 언어로 옮기는 것은 절반의 번역이라고 본다. 가령 'hello'를 '안녕'으로 번역할 때 두꺼운 고딕체 형식은 어떻게 옮겨야 할까. 만약 '안녕'으로 번역해야 한다고 고집부린다면 억지스러운 것일까.

영화를 책으로 만들 때는 영화의 시공간을 책으로 똑같이 재현하려는(재현할 수 있다는) 욕심(어리석음)을 버리는 것이 디자인 방법이다. 영화의 시간과 책의 시간, 영화의 공간과 책의 공간은 서로 다르다. 영화가 이야기를 끌어가는 방식과 책이 이야기를 풀어 나가는 방식은 서로 다르다. 관객과 독자가 매체를 감상하는 방식도 전혀 다르다. 따라서 감독이 영화를 편집하는 것과 편집자와 디자이너가 책을 편집하는 것은 일대일이 될 수 없다. 매체의 다름을 정확하게 이해할수록 영화는 책에서 고유한 작품으로 재탄생한다. **서리북**

정재완

홍익대학교 시각디자인학과를 졸업한 후, 정디자인과 민음사출판그룹에서 북 디자이너로 일했다. 현재 영남대학교 교수로 재직 중이며 사월의눈 사진책 디자인을 도맡고 있다. 지은 책으로 『세계의 북 디자이너 10』(공저), 『아파트 글자』(공저), 『Designed Matter』(공저) 등이 있으며, 디자인한 사진책 『작업의 방식』이 '2022 한국에서 가장 아름다운 책'에 선정되었다.

가장 오래된 출판 잡지를 읽는 아주 새로운 방법

김병희

계약서에 서명하고 나서 전해 들은 말이지만, 알라딘이
투비컨티뉴드(이하 '투비')라는 새로운 디지털 플랫폼에 기사를
번역하겠다고 제안했을 때, 《퍼블리셔스 위클리(*Publishers
Weekly*)》(이하 '*PW*') 사람들은 이게 허언이거나 사기일 거라고
생각했다고 한다. 하긴 인터넷 서점이 주간지를 번역하겠다고
했으니 그렇게 생각하는 게 당연할지도 모르겠다.

출판의 150년 친구 《퍼블리셔스 위클리》

이야기는 1872년에 시작된다. 스스로를 '출판 비즈니스의
바이블'이라고 부르는 *PW*가 1872년 1월에 첫 호를 배포했다.
지금도 마찬가지이지만, *PW*는 도서관과 서점에 신간을 안내하기
위해 만들어졌기 때문에 새 책 소식 위주였다. 긴 도서 목록은
호당 30페이지 정도로 꼭 들어갔다.

　　*PW*가 최근 디지털 아카이빙 작업을 끝낸 덕분에 150년간의
잡지 실물 스캔 파일과 기사를 살펴볼 수 있는데, 19세기는
어찌나 오래전인지 깜짝 놀라게 된다. 이를테면 그즈음엔 셜록
홈즈 시리즈도 미국 독자들에게 첫선을 보이는 신작 소설이었다.
1890년 3월에 실린 『주홍색 연구』의 소개가 무척 짤막하다.
"런던 빈집에서 일어난 의문의 살인 사건! 복수일까? 탐정은
결국 훌륭하게 자기 일을 끝내고, 사립 탐정의 캐릭터 연구를
곁들였다."

　　미국 출판이 부흥기를 맞은 1920년대에 *PW* 역시 많은
일들을 해냈다. 뉴베리 메달, 칼데콧 어린이책 메달, 캐리-토마스
도서상이 만들어졌는데 모두 *PW*와 관련이 있었다. 1920년
*PW*에 합류해서 40년 동안 근무한 밀드레드 스미스는 *PW*의 틀을
잡은 편집장이라고 할 만하다. (*PW*의 역사를 읽어 보면, 이 회사 직원들은

보통 30년 이상씩 근무하는 듯하다.) 그는 새 책 소개나 리뷰 외에 출판 뉴스 콘텐츠를 늘리기 위해 노력했다.

1940년대에 *PW*의 리뷰는 '예보(Forecasts)'라고 불렸다고 한다. 리뷰 끝에 도서 예상 판매량을 점치는 한두 줄을 써넣었기 때문이다. 이 제목은 2005년 '리뷰(Reviews)'로 이름을 바꿀 때까지 그대로 유지됐다. 도서의 성패를 점치는 내용을 실었던 것에서 *PW*의 과감한 성격을 읽을 수 있다. 동업자들이 기대를 가지고

펴낸 책 판매량에 대해 이러쿵저러쿵 말을 얹다니, 생각만 해도
오싹하다.

　　창간 100년쯤 지난 1974년에는 이런 리뷰 기사가 실렸다.
"『캐리』—바버라 배넌. 1974년 2월 25일. 스티븐 킹, 더블데이,
6.95달러. 엑소시즘, 초능력, 유령들, UFO와 도플갱어들. 이젠
염력이다. (……) 바로 이때, 졸업 무도회에서 캐리는 그동안
조금씩 만지작거렸던 자신의 엄청난 염력을 꺼낸다. 결과는
모두에게 호러 그 자체이다. 작가의 재능은 거의 전부 캐리를
사악하기보다는 가련하게 만드는 데에 쓰였다. (4월 8일 출간 예정)"
PW 리뷰는 작성자를 밝히지 않는데, 거의 유일하게 기명 기사를

쓴 리뷰어가 바버라 배넌이었고, 스티븐 킹의 첫 소설은 이렇게
공개됐다.

창간 150년을 지난 *PW* 데이터베이스에는 715,000건
이상의 리뷰가 포함돼 있다. *PW* 리뷰의 길이는 200-
250단어이다.

많은 북 리뷰 콘텐츠들이 독특한 시각과 개성을 위해 노력했다면,
*PW*는 글쓴이가 드러나지 않는 균일함이라는, 정반대 목표를
위해 쌓아 온 것이다. 이 리뷰들은 업계 종사자들을 위한
글이라는 점에서 의미를 가진다. *PW*의 짧은 리뷰에는 새로운 책
소식이라면 빠짐없이 알아야겠다는 의욕이 담겨 있다. 그 속에
아서 코난 도일이나 스티븐 킹이 숨어 있을지 모를 일 아닌가.

*PW*는 리뷰 외에도 출판, 도서 유통과 관련한 거의 모든
분야의 콘텐츠를 가지고 있다. 도서전마다 서너 명의 취재 인원을
파견해 현장을 취재한다. 마케팅 트렌드, 저작권 계약과 출판사
인수 합병 뉴스, AI 오디오북과 같은 기술 트렌드, 독립 출판과
하이브리드 출판에 대한 정보도 상황에 따라 빠르고 자세하게
다룬다. 어린이 도서에 대한 관심은 *PW*의 전통적인 태도라고
자평하고, 만화, 교재 등 단행본 외 분야도 빠뜨리지 않는다. 출판
유통 커뮤니티를 위한 구인 구직, 인물 동정 기사와 부고란도
마련돼 있다. 출판과 서점 종사자들의 입장에서 쓴 파업 기사나
출판 자유를 옹호하는 사설까지 읽고 나면 이런 출판 잡지를 가진
영어 출판업계가 부럽지 않을 수 없다.

나는 내가 쓴 글을 사랑한다, 투비컨티뉴드

올해 1월, 인터넷 서점 알라딘의 디지털 창작 플랫폼 투비가 문을
열었다. 투비의 캐치프레이즈는 "끝나지 않는 이야기"이다. '투 비

투비컨티뉴드의 모바일 실행 화면과 캐치프레이즈가 담긴 배너. (출처: 투비컨티뉴드 제공)

끝나지 않는 이야기
투비컨티뉴드

컨티뉴드(to be continued)'는 대개 '다음 화에 계속'이라고 번역한다.
캐치프레이즈는 이 뜻을 그대로 담은 동어반복이다. 회의실에서
여러 가지 의견이 나왔고, "나는 내가 쓴 글을 사랑한다"도 후보
가운데 하나였다(사실 내가 제안했다). 너무 정색하려니 어색하다는
의견이 많아서 채택되지 못했다.

　이야기가 끝없이 이어질 정도로 많은 서비스들은 몇몇

있지만, 투비는 글쓴이에게 소중한 글을 그에 맞는 방법으로 출판하는 서비스이다. 그래서 중요한 것은 플랫폼보다 독자이고, 독자보다는 글쓴이다. 콘텐츠 플랫폼이라고 하면 대개 유·무료 서비스를 플랫폼에서 정하곤 했다. 특정 기준을 가지고 유료화할 권한을 주기도 하고, 편당 가격을 정해 두기도 했다. 투비에 올린 글을 무료로 배포할지 유료로 판매할지는 전적으로 글쓴이에게 달렸다. 가격 역시 마찬가지이다. 글 한 편을 첫머리부터 유료로 판매할 수도 있고, 글 중간에 유료 판매 지점을 설정할 수도 있다.

투비는 장르나 카테고리 분류도 없다. 물론 특정 장르를 염두에 두고 글을 쓸 수 있지만, 도무지 어떤 장르인지 분류하기 곤란한 글도 구분 없이 올릴 수 있다. 찾아서 읽을 독자들을 위해 내용을 예상할 수 있는 태그를 붙일 수도 있다. 투비의 독자들은 이제껏 볼 수 없었던 새로운 장르의 탄생을 볼 수도 있을 것이다.

예상보다 활발한 것은 투비의 '응원하기'이다. 사실 기획 단계에서는 이 기능이 얼마나 쓰일지 의심스러워하는 의견이 많았다. 공감할 수 있겠지만, 그렇다고 돈이 드는 응원은 어려울 것이라는 생각이었다. 유료 콘텐츠가 많지 않아서 그렇기도 하겠지만 콘텐츠 구매 금액보다 유료 응원 금액이 더 큰 날이 있다.

그리고, 투비는 콘텐츠 유료 판매액의 90퍼센트를 글쓴이에게 지불한다. 유료 응원 역시 마찬가지이다. 서비스 운영 비용을 제외하고, 혹은 서비스 운영 비용을 뺀 나머지보다 큰 금액을 글쓴이에게 주는 셈이다. 짧은 글 한 문단은 트위터에, 긴 글은 페이스북에 올린다. 이 글은 누구나 무료로 읽을 수 있다.

한편으로 기존의 콘텐츠 플랫폼들은 무료 글과 방문자 숫자로 광고 매출을 올렸다. 이건 소중한 글을 다루는 방식이

투비컨텐츠의 '응원하기' 기능.(출처: 투비컨텐츠 드 제공)

아니다. 투비는 글쓴이 스스로 정한 글의 가치를 그대로
글쓴이에게 전달하는 것이 창작을 존중하는 출발점이라고
생각했다.

번역에 진심인 한국 출판, 하지만 번역가는?

대한출판문화협회의 통계에 따르면 2022년 한국 출판 시장에서
번역서 비중은 출간 종수 기준 17퍼센트이다. 좀 오래된

통계이지만, 2004년에 한국 출판은 세계에서 번역서가 가장
많이 출간된 시장이었다. 2007년 《뉴욕타임스》 기사에 인용된
통계에 의하면 2004년 한국은 체코와 함께 번역서 비중이
29퍼센트로 가장 컸다. 이 해에 미국은 출간된 책 100권 가운데
3권 정도, 일본은 8권 정도가 번역서였다. 지난 20여 년 동안
번역서 비중은 29퍼센트에서 17퍼센트로 줄어든 셈이지만
여전히 높다. 게다가 2007년 12,371종이었던 번역서가
2022년에도 10,472종으로 1년에 1만 종 이상의 외국 도서가
번역·출간되고 있다. 주요 출판 시장 가운데에서도 한국 출판은
번역에 진심이다.

　　번역서 비중이 높은 것을 시장 잠식으로 걱정하는 의견도
있었다. 한 해 동안 한국에 소개되는 외국 출판물은 1만 종이
넘는 반면 외국어로 번역되는 한국어 도서는 수백 종에 불과하기
때문이다. 무역 적자를 우려하거나 경쟁 과열로 외서 저작권료가
오르고 있다고 걱정하기도 했다. 그렇다고 해외 저작물 번역을
줄이자는 의견은 없었다. 눈 밝은 출판 기획자들이 해외에서 좋은
콘텐츠를 찾아 한국 독자들에게 소개하고, 그보다 좀 더 많은
한국어 출판물이 해외에 더 많이 소개되는 것이야말로 누구나
바라는 일일 것이다.

　　외국 도서를 한국어로 번역하는 일, 거꾸로 한국 출판물을
해외에 소개하는 일에는 모두 번역자가 꼭 필요하다. 그러나 한국
출판 시장에서 번역자는 좀 이상한 처지에 놓여 있다. 투비 기획
단계에서 출판사와 번역자를 여럿 인터뷰했다. 우선 번역자는
번역 일거리가 안정적이지 않다는 게 가장 큰 걱정거리였다. 번역
경력과 무관하게, 누구나 1년에 두세 차례, 2주 이상 다음 번역할
책이 없는 시기를 겪는다고 했다. 출판 번역이 이른바 산업 번역과

크게 다른 점이라고도 한다. 반대편에서 출판사는 함께 일할 만한 번역자가 부족하다는 점을 문제로 꼽았다.

아니, 한쪽에선 일이 없는데 다른 쪽에선 사람이 없다는 건 어떤 상황일까? 그리고 몇몇 번역자에게 의뢰가 몰린다면 경험이 부족한 번역자들은 어떻게 경험을 쌓아서 함께 일할 만한 번역자가 될 수 있을까?

번역자가 독자를 모으는 플랫폼

번역 판권 계약을 제안했을 때 *PW*는 이 제안이 그냥 해보는 말이거나 사기일 거라고 생각했다고 한다. 주간지를 번역하는 것도 워낙 어려운 일이고 제안자가 인터넷 서점이었기 때문이다. 아닌 게 아니라 도서 유통만 하다가 번역 판권 계약을 하려니 익숙하지 않은 점도 많았고, 투비에서 무엇을 하고 싶은지 설명하는 데에도 시일이 꽤나 걸렸다.

*PW*의 기사 콘텐츠는 방대하다. 150년 동안 출간됐고 짧은 도서 리뷰가 많기 때문이다. 그러면서도 다른 주간지에 비해 오래된 기사들도 여전히 읽을 가치가 있다. 독립 출판이나 온라인 도서 마케팅 트렌드, 거대 출판사 간 합병 시도와 같은 주제는 지난 10년 동안 관련 기사가 꾸준히 작성됐고 몇 년쯤 거슬러 올라가서 지난 기사를 찾아보는 것도 의미가 있다. 전문가 추천 도서, 스테디셀러 리뷰도 마찬가지이다.

만약 이제까지의 출판 잡지나 온라인 잡지 편집 방침처럼 번역·출간한다면, 번역할 기사를 고르는 편집자가 필요할 것이다. 투비는 다른 방식으로 시도해 보기로 했다. *PW* 기사 아카이브를 공개하고 번역자가 소개할 만한 기사를 골라서 번역하는 것이다. 투비가 알리고 싶은 것은 기사뿐 아니라 번역자이기도 하기 때문이다. 단지 온라인 잡지를 만드는 게 아니고 번역자가 자기 취향과 번역 스타일로 독자를 모으는 플랫폼을 만드는 것이 투비의 계획이다. 그리고 이런 콘텐츠 시장을 통해 번역자는 경험을 쌓을 수 있고 출판사는 번역자를 발굴할 수도 있을 것이다.

투비의 *PW* 번역 실험은 시작 단계이다. 우선 출판 시장에 관심을 가진 번역자들을 섭외했고 번역 기사를 디지털 게시물로 게재하는 데 필요한 사항들을 점검하고 있다. 카피라이트 표기나 이미지 활용과 같은 세부 사항들, *PW* 디지털 아카이브를 공개하는 방법, 기사 앞에 번역자가 자신의 의견을 추가하는 방식 등이 모두 고민거리이다. *PW* 계약을 진행하면서 과학, 경제, 취미까지 많은 해외 잡지 콘텐츠를 추천받았고 찾아냈다. 책이 아니라도 세계에는 신기하고 재미있는 글들이 많다. 한국 출판만큼이나 투비도 이런 글들을 찾아 번역하는 데에 진심이다.

서리북

김병희
고려대학교 철학과, 대학원 철학 전공 졸업. 2000년부터 예스24 등 세 개의 인터넷 서점에서 일한 서점 직원. 현재 알라딘 커뮤니케이션 운영이사로 있다.

서울
리뷰 오브
북스

분노는 어떻게
정의감을 내세운
마녀사냥이 되었나?

안도 슌스케 지음 | 송지현 옮김

정의감 중독 사회

해결되지 않은 마음속 어둠에서 싹트는
정의감 중독의 메커니즘,
다섯 가지 유형과 대응법까지

사회학자 오찬호
경제학자 조귀동
강력 추천!

일본 최고
분노 조절 전문가의
진단과 처방!

== 생각이 다른 사람들이 함께 사는 해법! ==

『정의감 중독 사회』
안도 슌스케 지음, 송지현 옮김
또다른우주, 2023

생각이 다른 사람과 공존하는 하나의 방법

유정훈

소셜미디어에 익숙한 사람이면 '정의 구현'이나 '참교육'이 무슨 뜻으로 쓰이는지, 얼마만큼 강한 표현인지 직관적으로 이해할 것이다. 이런 표현들은 예컨대 영화나 드라마에서 주인공이 악역을 징벌할 때 또는 스포츠에서 비신사적 플레이를 한 팀이나 물의를 일으킨 전력이 있는 선수가 패배할 때 쓴다. 인과응보, 사필귀정, 권선징악 같은 고전적 단어에는 없는 뉘앙스, 처벌받아 마땅한 자가 응징을 당할 때 느끼는 쾌감이 덧붙여진 표현이다. 이런 표현이 한국 사회에 처음으로 등장했을 당시 원래 가졌던 의미에서도 거리가 멀다.

하지만 저 표현이 쓰이는 상황이 본래 의미의 정의(justice)와 연관이 있는지는 의문이다. 사적 복수를 소재로 하는 드라마가 최근 여럿 나왔는데, 주인공 본인이 피해자로서 혹은 다른 피해자를 대신하여 악인에게 복수하면 과연 정의 구현인가? 이런 식의 정의 구현이 반드시 공적 관심사를 대상으로 하는 것도 아니다. 구체적 내용을 들여다보기에 앞서, 인터넷에서 쉽게 접하는 이런 현상에 일단 피로감을 느끼는 것이 사실이다.

학교 폭력 피해자의 사적 복수를 소재로 한 넷플릭스 드라마 〈더글로리〉 출연진.(출처: 위키피디아)

그런 면에서 2021년에 일본에서 나와 2023년 초에 국내에 번역·출간된 이 책은 시의성이 높다. '정의감 중독'이라는 명쾌한 용어를 통해, 매사를 정의라는 잣대로 재단하고 개인의 사생활에 대해서까지 정의감을 표출하며 개입하는 현상을 지적하고, 이를 통해 올바름에 대한 열정이 쉽게 타오르고 빠르게 소비되는 현상을 경계하기 때문이다.

분노 그리고 정의감 중독

'정의감 중독'은 "정의를 내세워 타인과 세상을 심판하는 것이 일종의 정체성이 되어 내면화된 상태"(77쪽)를 말한다. 일본에서 '정의감 중독'이 대부분 2020년 이후의 기사에서 검색된다는 점을 들어, 저자는 코로나19의 확산과 함께 이 표현이 급속히 퍼졌다고 분석한다. 이 책과 마찬가지로 인터넷상의 과도한 비방 문제를 다룬 『플레이밍 사회』*에서 코로나19가 시작된 후 정부의 조치에

---

* 이토 마사아키, 유태선 옮김, 『플레이밍 사회』(북바이북, 2023).

따르지 않는 사람들을 단속하기 위해 일반인 사이에 벌어진 이른 바 '자숙 경찰'을 '재난과 함께 발생한 정의의 폭주'라고 지적한 것과 유사하다. 코로나19가 그 정도의 분기점인지 아니면 소셜미디어라는 여건이 갖추어진 상태에서 정의감이 분출하는 계기가 된 정도인지는 따져 볼 문제이나, 최근의 시대상을 잘 드러내는 부분이다.

　　저자에 따르면, 정의감 중독의 원천에는 무언가를 지키기 위한 방어 감정인 분노가 있다. 사람들은 자신의 정체성을 형성하는 핵심 믿음(core belief)에 어긋난 행위를 적대적 행위로 여기며 자신에게 소중한 믿음을 지키기 위해 분노를 느끼고, 결국 이것이 정의감으로 이어진다.(51쪽)

　　이 책은 정의감 혹은 그 근저에 있는 분노 자체를 부정적으로 평가하지는 않는다. 저자의 전작 『당신의 분노는 무기가 된다』*는 분노가 개인과 사회를 변화시키는 원동력이 된다는 측면에 초점을 맞춘다. 미국 앵거 매니지먼트 협회(National Anger Management Association) 인증 전문가이자 일본 앵거 매니지먼트 협회 대표인 저자의 이력과도 관련이 있다. 1970년대 미국에서 생긴 앵거 매니지먼트는 화를 낼 필요가 있는 일에는 적절하게 화를 내고 화낼 필요가 없는 일은 지나칠 수 있게 되기 위한 심리 트레이닝으로, 화를 내지 않는 것 자체가 목표는 아니다.** 그 자체로 나쁜 것이 아닌 분노 그리고 여기에서 유래하는 정의감이 문제되는 이유는 쉽게 짐작할 수 있다. 나의 정의와 당신의 정의가 다르기 때문이다. 사람들이 정의감에 중독되는 이유는 정의의 기준이 같은 사람들에

---

* 안도 슌스케, 부윤아 옮김, 『당신의 분노는 무기가 된다』(해냄, 2021).
** 안도 슌스케, 같은 책, 89-90쪽.

게 느끼는 일체감, 정의를 부르짖는 것만으로 소속 집단을 발견하고 인정을 누릴 수 있기 때문이다. 외국 유명 인사의 기이한 행동에 관한 기사에 그 사람이 읽지도 않을 댓글이 폭주하는 사례를 보면 악플을 다는 사람들은 뉴스의 주인공이 아니라 악플을 읽는 사람들이 봐주기를 바란다는 지적(58-59쪽)은 적확하다.

무거운 진단, 느슨한 해법

정의감 중독에 대해 이 책이 제시하는 처방은 단순하고 명료하다. 우선 서로의 정의가 다르다는 점과 관련하여, 공공의 정의를 판별하는 기준으로 "긴 안목으로 보았을 때 나에게도 다른 사람들에게도 건전한가?"(35쪽)라는 질문을 제시한다. 앵거 매니지먼트 프로그램에서는 이를 빅 퀘스천(big question)이라 부른다.(35-39쪽) 구체적인 방안으로, 자신이 관여할 일/관여하지 말 일, 할 수 있는 일/할 수 없는 일을 구분한 다음, 어떤 사건에 대해 분노를 느꼈을 때 실제 행동으로 옮겨야 하는 것은 '관여할 일+할 수 있는 일'의 조합뿐이고 나머지에 해당하는 정의감은 내려놓아야 한다고 말한다.(114-115쪽)

　　그러나 이 책이 던지는 시의적절하고 무거운 주제 의식에 비해 분석과 해법은 촘촘하지 않고 느슨하다. 예컨대 "상대에게 닿지 않을 무익한 정의감을 폭주시키며 화내는 사람은 평소 내 자리가 없다, 나를 받아 주는 사람이 없다고 느끼는 사람"(60쪽)이라는 과감한 주장을 하면서도 별다른 근거 자료를 제시하지 않는다. 단순 명쾌한 처방 역시 분노 관리를 위한 코칭이나 자기계발서의 한계를 벗어나지 못한다.

　　그런데 책을 읽어 나가면서 '아까 그런 댓글을 굳이 달 필요가 없었는데', '오늘 읽은 기사에 그렇게 화낼 이유는 없었지'라며 스스로를 돌아보게 되는 부분은 있었다. 길에서 담배 피우는 사람을 발견한 상황에서, '보행 중 흡연은 해서는 안 될 행위다'라는 핵심 믿음은 같더라도, 그 사람은 부도덕하다는 의미를 부여할지 아니면 바람직하지 못한 행동을 하는 사람이 있지만 당장 누군가에게 직접 피해가 가는 것은 아니니 상관할 필요까지는 없다고 생각할지에 따라 결과는 달라질 수 있다는 설명(40-45쪽)도 설득력이 있다.

『정의감 중독 사회』를 오독하지 않으려면

이런 한도에서 이 책의 가치를 살리면서 읽으려면 다음과 같은 점을 주의하면 좋을 것이다.

　　우선 정의감 중독에 대한 분석과 해법의 적용 대상을 한정해야 한다. 예컨대 코로나19 관련 마스크 착용 규제가 시행될 당시 마스크를 쓰지 않은 사람을 본 누군가가 '실내에서 마스크 안 한 사람 발견'이라는 글과 함께 트위터에 사진을 올리고 다른 사람들은 이를 리트윗하여 확산시키는 경우(15쪽)라면 이 책의 제안이 바로 적용될 수 있다. 일면식도 없는 개인에게 다수가 몰려들어 공격적인 말을 퍼붓는 '조리돌림', 어떤 문제의 해결이 아니라 개인에 대한 비난을 표적으로 하는 '좌표 찍기' 혹은 '신상 털기'도 마찬가지다.

　　하지만, 다양한 양상과 층위를 가지고 인터넷에서 벌어지는 여러 현상들에 정의감 중독이라는 단일한 잣대를 들이대면 곤란하다. 미국에서 백인 경찰이 흑인을 체포하는 과정에서 목을 눌러 사망하게 한 사건에 항의하기 위해 관련 동영상을 공유하며 '흑인의 생명은 소중하다(#BlackLivesMatter)'라는 해시태그를 붙이는 경우를 생각해 보자. 이런 사건에 대해 개인이 관여할 일인지, 할 수 있

인종차별 반대 시위에 참여한 미국 시민들의 모습. 가운데 'Black Lives Matter'가 적힌 피켓이 보인다.(출처: pixabay.com)

는 일인지라는 기준만으로 판단하는 것은 시민사회의 역동성을 지나치게 축소하는 일이다. 다른 사례로, 요즘 문제되는 정치인의 강성 팬덤은 인터넷 커뮤니티를 기반으로 한다는 점에서 정의감 중독과 연관성은 있지만, 유권자를 대변하면서도 동시에 유권자를 이끌어야 하는 정치인의 역할에 관한 논의까지 같이 해야 온전한 분석과 해법을 도출할 수 있다.

　또 하나 생각할 부분은 이 책은 철저하게 개인 차원의 해결론이라는 점이다. 앵거 매니지먼트는 분노의 감정 때문에 분노를 느낀 당사자가 후회하지 않도록 만드는 것을 목표로 하는 프로그램이고, 이처럼 특정한 관점에서 쓰인 책은 그런 한도 내에서만 이해되어야 한다. 개인이 정의감 중독에서 벗어나면 그로 인한 부정적 현상이 줄어들 수는 있겠지만, 그 자체가 사회에도 좋은 영향을 끼치는 것은 아닐 수 있다.

이 책은 정의에 대한 오해 중 하나로, 정의는 보상을 받고 악은 그에 상응하는 벌을 받는다는 '공정한 세상 가설'을 든다. 실제로 세상은 그렇게 돌아가지 않는데, 이상을 현실로 착각하면 정의감 중독의 원인이 된다는 것이다.(135-139쪽) 물론 선한 사람이 잘된다는 믿음은 오히려 그저 운이 나쁜 사람을 도덕적으로 공격하는 사고방식이 될 수 있다는 지적(137쪽)은 타당하다. 하지만 세상이 늘 정의롭게 돌아가는 것은 아니라고 스스로에게 얘기하며 분노를 조절하는 것은 몰라도, 이런 개인적 수준을 넘어서는 적용은 조심스럽다. 정의의 기준은 각자 다를지라도, 이 사회의 제도는 바람직한 행동에는 유인을, 타인을 해치는 행동에는 불이익을 주는 것을 기본으로 구성되어 있기 때문이다.

생각이 다른 사람과 공존하는 방법에 관한 하나의 제안

타인과 공존해야 한다는 것은 당위이자 불가피한 현실이고 결국 모두에게 이익이 되는 일이기도 하다. 이에 관한 분석을 꼭 한 가지 방식으로 풀어내야 하는 것은 아니다. 정치학이나 헌법의 관점에서 민주주의는 다양한 입장의 평등을 핵심 가치로 하니 다른 생각을 용인해야 한다는 원칙을 재삼 강조할 수도 있겠고, 심리학의 연구 결과를 통해 지식이나 논리에 기반한 설득으로 다른 사람의 생각이나 행동을 바꿀 수 없다는 점을 직시하는 것도 정의감 중독 해결에 도움이 되겠다.*

저자와 똑같은 논지를 인지과학의 언어로 설명하는 책이 있다는 점도 흥미롭다. 일본의 인지과학자 나카노 노부코의 『정의

---

* 최근 이런 점을 다룬 책으로는 데이비드 맥레이니, 이수경 옮김, 『그들의 생각을 바꾸는 방법』(웅진지식하우스, 2023).

중독』*에서는, 인간의 뇌는 비난받아 마땅한 대상을 찾아 벌하는 데 쾌감을 느끼도록 만들어져 있어 타인에게 정의의 철퇴를 가하면 뇌의 쾌락 중추가 자극을 받아 쾌락 물질인 도파민이 분비되는데, 여기에 빠져 쉽게 헤어나지 못하는 상태를 정의에 취해 버린 중독 상태라고 설명한다.

이 책은 생각이 다른 사람들과 함께 사는 방법을 얘기하되, 이를 개인의 분노 조절 혹은 정의감 중독에서의 해방이라는 특정한 관점으로 다룬다. 독자가 앵거 매니지먼트라는 방법론의 한계를 인식하며 이 책을 읽은 다음 자신이 관여할 필요가 없고 어떻게 할 수도 없는 일에 대한 과도한 관심을 거두고 인생의 낭비를 줄이게 된다면, 이 책은 나름의 가치를 다한 것이겠다. **서리북**

---

* 나카노 노부코, 김현정 옮김, 『정의 중독』(시크릿하우스, 2021).

유정훈
변호사. 《경향신문》에 매달 〈정동칼럼〉을 기고하고, 온라인 매체 《피렌체의 식탁》에는 주로 미국 정치와 연방대법원 사건을 소재로 글을 쓰고 있다.

📖 '타오른다'는 뜻을 가진 '플레이밍(flaming)', 일본어로 '炎上'은 인터넷에서 비난, 비방이 폭주하는 현상을 의미한다. 플레이밍 현상의 긍정적·부정적 측면, 혐오 표현, 캔슬 컬처 등을 둘러싼 사회적 의미와 맥락을 복합적으로 다루기 위해 애쓴 책이다. 주로 일본 사회를 대상으로 하지만, 한국의 상황도 크게 다르지 않아 보인다.

"이 책에서는 플레이밍이 만연한 사회에서 어떻게 '관용한 자유주의'를 유지하고, 더욱 발전시켜 나갈지를 완곡하게 물어봤다. 이 물음에 대답하는 일이 쉽지 않다는 것을 알지만 그것에 이론적으로 다가가고 친숙한 사례를 바탕으로 끈기 있게 생각해 나간다면 곧 어떠한 힌트가 보이지 않을까."
— 책 속에서

『플레이밍 사회』
이토 마사아키 지음
유태선 옮김
북바이북, 2023

📖 타인에게 '정의의 철퇴'를 가할 때 느끼는 쾌락에서 헤어지지 못하고 정의에 취해 버린 중독 상태를 뇌과학으로 분석했다. 뇌과학을 다루지만 이해하기 쉽게 썼고, 서평 대상인 『정의감 중독 사회』와 같은 현상을 다른 관점의 언어로 얘기한다는 점이 흥미롭다.

"인간은 혼자 살 수 없다. 그러므로 자신과 다른 생각을 하는 사람을 '용납할 수 없다', '이해할 수 없다', '바보 같다'며 끊어 내거나 미워하지 말고, '내가 혹은 내 뇌가 용서할 수 없다고 느끼는 이유가 무엇인지'를 먼저 생각해 보는 것이 자신의 인생에, 나아가 사회 전체에 크게 도움이 될 것이다."
— 책 속에서

『정의 중독』
나카노 노부코 지음
김현정 옮김
시크릿하우스, 2021

『여기는 무지개집입니다』
가족구성권연구소 기획·엮음
오월의봄, 2022

'문란한 돌봄'의 세계로 초대합니다

서경

'돌봄'이라는 방 안의 코끼리가 발을 구르고 있다. 더 가난한 사람들, 특정 민족·인종·성별의 사람들, 가족 중에서도 가장 약한 사람에게 전가해 왔던 돌봄의 무게가 팬데믹과 함께 폭넓게 실감되기 시작했다. 영국 런던의 사회운동 단체 '더 케어 컬렉티브'는『돌봄 선언』*에서 시민들의 돌봄 반경이 신자유주의화 속에서 더욱 친족 중심으로 좁혀져 왔고, 가족과 시장에 맡겨진 돌봄이 불안정하고 불공평하게 이루어지고 있다고 지적한다.

그러면서 대안으로 제시하는 가이드라인이 '문란한(promiscuous) 돌봄(의 윤리)'**이다. 1980-1990년대 더글러스 크림프를 비롯한 에이즈 인권 활동가들은 에이즈의 원인을 게이 섹스에 돌리기 위해 '가벼운', '진정성 없는'이라는 의미로 사용된 '문란함'이라는 개념을, '서로에 대한 친밀감과 돌봄을 나누는 방법을 다양화하고

---

* 더 케어 컬렉티브, 정소영 옮김, 『돌봄 선언』(니케북스, 2021).
** 『돌봄 선언』에서는 '난잡한 돌봄'이라고 옮겼으나『여기는 무지개집입니다』에서는 '문란한 돌봄'이라고 옮기고 있다. 사전적 의미로나 맥락적으로나 더 적합하다 판단하여 후자를 따른다.

실험한다'는 의미로 전유했다. 더 케어 컬렉티브는 이를 인용하며 "가장 가까운 관계부터 가장 먼 관계에 이르기까지 돌봄의 관계를 재정립"하고, "광범위한 범주에서 가족" 관계를 상상할 것을 제안한다.*

　　『여기는 무지개집입니다』는 가족을 벗어난 돌봄 공동체를 실험하는 성소수자 15인의 주거 공동체이자 함께주택협동조합의 공동 주택 2호인 '무지개집'의 초밀착 관찰 보고서다. "(명절에 본가에 갔다가) 한껏 기가 빨린 뒤 돌아오고 나면 '여기가 진짜 내 집이다, 역시 집이 최고'라는 생각만 든다"(103쪽)는 애정 담긴 고백부터 "이 테이블만 한 게 우리 거실이라고! 이게 말이 되냐고",(79-80쪽) "(장마철 1층 거실에 비가 새어 물이 차 다 같이 양동이로 퍼내며) 다시는 집을 짓지 말자",(89쪽) "(대출금을 어떻게 갚을 것인지 논의하는 데 지쳐) 이 집 팔아 버리자"(192쪽) 등 뒷담화스러운 말까지 솔직한 언어로 가득하다.

　　책의 제목이나 목차, 표지 등 겉으로 드러나는 모습은 다소 밋밋하지만, 그 내용은 아주 정치적이다. 셀럽이 아닌 평범한 성소수자들이 겪기 마련인 계급 위기와 정체성의 위기를 함께 다룬다. 삶에서 두 문제는 분리되지 않는다. 많은 성소수자들이 정체성과 젠더 실천 때문에 노동권을 위협받고, 원가족과 관계가 단절되며 임대 계약에 곤란을 겪는 등 경제적 면에서 역량 향상과 욕구 충족을 저해당한다. 정체성 은폐는 그러한 불이익을 미리 피하기 위한 전략으로, 차별이 존재하는 한 계급 위기와 정체성의 위기는 동전의 양면과 같다.

---

* 더 케어 컬렉티브, 같은 책, 81-83쪽.

무지개집의 전경. ⓒ함께주택협동조합
(출처: 『여기는 무지개집입니다』, 22쪽, 오월의봄 제공)

성소수자의 지역 기반 계급·정체성 투쟁을 기록하다

무지개집은 정체성 운동인 동시에 계급 투쟁이다. 성소수자들이 온전히 자신으로 살 수 있는 주거 공동체로서 거주자의 자긍심을 추동(4장)할 뿐 아니라, 서울시 마포구 망원동이라는 지역으로도 활동 반경을 확장해 도시에 지역성을 부여하고 지역 주민들에게 성소수자 이웃이라는 새로운 관계를 선사한다.(5장) 또 이들은 집을 기획하고 구성원들과 조율하는 매 순간, 국가의 보호로부터 누락된 가난하고 퀴어한 서로를 반자본주의적 방식으로 돌본다는 지향을 잊지 않는다. 그럼으로써 그들의 주거는 계급 투쟁이 된다.

　　함께주택협동조합과의 계약 과정에서 법적으로 자금을 보장받을 수 있는 임대차 계약 대신, 거주자들이 모두 조합원으로 가입해 보증금을 출자하기로 결정한 이유는 자본이 충분치 못한 사회적주택협동조합의 재정 건전성을 배려한 결정이었다. 이에 따라 집값이 올라도 거주자들은 시세 차익을 기대할 수 없다. 이 결정으로 말미암아 서로 다른 비용을 감당한 여러 거주자들이 집을 팔지 말지 회의(會議)하지 않게 되었고, 이는 집을 안정적으로 유지할 수 있게 돕는다.

　　이들은 입주 전 여러 차례 회의를 열어 각자 감당 가능한 비용을 확인하여 보증금(출자금)과 월세 수준을 결정했다. 그 과정에서 모두가 공간의 넓이 등에 비례하는 비용을 감당하지는 않았다. "층과 평수, 보증금의 차이가 입주자들이 혹시라도 느낄지 모르는 격차로 이어지지 않도록"(183쪽) 하면서도 "(상대적으로 적은 출자금이라는 배려가) 미안함이나 고마움의 이유가 되지는 않도록"(183쪽) 고려했다. 거주자들이 자기 방을 "테이블", "코딱지"에 비유하는 좁은 집인데도 게스트룸(쉼터)을 마련했다. 탈가정한 청소년 성소수자 등이 임시로 머물 수 있도록 빈 공간을 마련한 것이다. 거주 공간을 공공의 것으로 확장하려는 급진적인 시도다.

함께 삶으로써 홀로 설 수 있는 곳

오늘날 원가족이 보호를 철회했거나 원가족으로부터 보호받기를 거부한 수많은 청(소)년들이 열악한 주거·노동 환경 속에서 홀로 생존을 모색하고 있다. 특히 성소수자는 그들의 정체성을 거부하는 가족과 불화하고 단절을 겪기도 한다. 이를 고려해 무지개집을 기획한 세 남성 동성 커플들은 처음부터 한 층을 1인 가구를 위한 셰어 하우스로 계획했다. 보증금을 책정할 때도 청년 1인 가구가 감당 가능한 수준을 고려해 커플 가구와 차등을 뒀다. 이는 이성애 결혼이라는 '정상 생애주기'로의 이행을 독려하는 주거 정책을 펼치면서 성소수자를 돌보지 않는 국가에 맞서, 국가가 해야 할 역할을 민간 영역에서 먼저 해 보이는 방식의 저항이다.

> (……) 사회적 벽에 갇혀 고립적인 생활을 해야 하는 퀴어에게 삶의 장소를 공동체로 확장하고, 특정하게 구획된 시간대에 분절되어 나타나거나 보이지 않았던 삶을 연속적인 시간성의 맥락으로 펼쳐내는 주거 방안이다. (……) 성소수자들이 노후 준비에 필요하다고 꼽는 주거 안정의 문제가 단지 집을 소유하는 방식의 안정을 이루는 데 한정되지만은 않는다는 사실이 엿보인다.(177쪽)

청년들은 신혼부부 이웃과 임대 주택에 거주하는 대신 중년의 '선배' 성소수자들과 살아가며 고유한 문화를 쌓고 돌봄 기술을 터득한다. "'성장과 성숙, 나이 듦'이라는 미래의 삶"(177쪽)을 보다 또렷이 상상하며, "지금의 나와 미래의 나 사이의 관계 또한 만들어"(179쪽) 간다. 무지개집에서 거주하던 중 일터를 그만둔 '인디'는 "무지개집에 살지 않았다면 내가 감히 직장을 그만둘 수 있었을까"(94쪽)라고 회고한다. 적어도 "회사를 그만두었을 때 발생할 수 있는 사회적 고립은 걱정하지 않"아도 되었다는 것이다.(127쪽) 나의 넘어짐을 목격하고 손 내밀어 줄 사람이 어딘가 있다는 것은 새로운 길을 걸을 수 있는 내면의 힘이 된다.

돌봄 시민들은 실패가 아닌 시도의 역사를 남긴다

보편적 돌봄은 흔히 '아무나 돌보기'로 오해되곤 한다. 그러나 '아무나 돌본다'는 말은 곧 누구와도 책임 있는 관계를 맺지 않는다는 말이기도 하다. 이는 결국 자원을 박탈당한 소수자·빈곤층의 소외 혹은 그 공동체 내부의 소진을 불러오기 쉽다. 그래서 이연숙은

『돌봄 선언』의 '문란한 돌봄' 제안을 가리켜 "'착한' 주장"이지만 "불가능한 주장"이라며 "왜 내가 더 사랑하는 사람들을 더 먼저, 더 오래, 더 열심히 돌보는 '차별'을 해서는 안 되는가? 더구나 그들이 다른 어떤 사람들보다 자주 아프고 가난한 상태에 놓여 있다면 말이다"라고 지적했다.[*] 나영정은 이에 이렇게 응답한다.

> 문란함이 저항적 돌봄의 방식이 되려면 소수자들이 규범과 질서를 넘어서야 한다는 부담을 전적으로 지지 않으면서도 서로의 삶을 지지할 수 있어야 한다. 세상이 잘 살기 바라지 않는 집단에 속해 있기에 서로를 돌보고 지키는 데에도 몇 배의 노력이 드는 이들에게 필요한 자원이 더욱더 주어져야 한다.[**]

성소수자들이 정체성과 지향을 핏줄 삼아 엮인 이 광의의 가족은 얼마나 지속될 수 있을까? 한 성소수자 활동가가 이 책을 읽고 '나는 절대 공동 주택에 들어가지 않겠다'라고 선언했다는 이야기를 전해 들었다. 여러 까닭이 있겠으나, 책을 읽다 보면 누구나 공감할 만한 어려움이 엿보인다. 집 수리, 구성원의 병환, 거주자 간 갈등 등 불현듯 찾아오는 과제 앞에 각자 감당 가능한 노동과 경제적 책임의 수위를 끊임없이 가늠하면서도 공동체의 지향을 후퇴시키지 않기 위해 얼마나 많은 시간을 논의와 관계 맺기에 들였을까. 그래서 무수히 많은 대안적 주거 공동체가 실패하고 무너졌으나, 그것은 그들의 실패가 아니다. 돌보지 않는 국가의 실패

---

[*] 이연숙, 「「퀴어-페미니스트의 '돌봄' 실천 가이드」를 위한 예비적 연구」, 《문학동네》 111, 2022, 148쪽.

[**] 나영정, 「"행복이 들어갑니다?"—쾌락과 돌봄을 다시 발명하기」, 《문학동네》 113, 2022, 154쪽.

2020년 무지개집 가족사진. ⓒ무지개집(출처: 『여기는 무지개집입니다』, 178쪽, 오월의봄 제공)

이다. 『여기는 무지개집입니다』는 이 돌봄 시민들이 국가 대신 해
낸 일을 충분히 또 정직하게 조명한다. 무지개집은 영원하지 못할
수 있지만, 그다음의 시도는 그들이 남긴 유산 위에서 더 단단하게
시작될 수 있을 것이다.

청년 임대 주택이나 동성혼 법제화만으로 해결할 수 없는 것들

현재 동성 커플이나 친족 외 돌봄 공동체를 호명하고 지원하는 제
도가 전무하기에, 무지개집은 통계상 1인 가구들의 집합으로 간
주된다. 책은 이미 이루어지고 있는 시민들의 다양한 가족·공동체
실천을 인정하고 받아들이기 위해, 반차별 정책과 연계하여 주거
지원 정책이 이루어져야 한다고 주장한다. 특히 청년 자립에 있어
이 문제는 도드라진다. 오늘날 청년들의 자립을 돕는 정책은 주로
일자리 등 경제적 독립에 집중되어 있는데, 정서적 자립 역시 중요
하게 고려되어야 한다. 자아 정체성 표현이 있는 그대로 인정받는

공간 및 커뮤니티에의 소속은 정서적 자립에 필수적이다. 청년 일반을 대상으로 하는 주거 및 네트워킹 지원은 청년들 사이 다양한 욕구의 차이와 소수성에 대한 고려를 누락한다. 성소수자 외에도 비혼, 비건, 탈가정(원가족과 관계 단절), (장애라는 이름 아래 뭉뚱그려지지 않는) 장애 등 차별받는 정체성을 있는 그대로 호명하고 그들의 욕구로부터 출발하는 지원 정책을 기획한다면 어떨까. 정직한 호명은 그 자체로 그들의 등장을 지지하는 힘이 될 것이고 그로부터 시작된 연결은 기존과 다른 돌봄 관계의 가능성을 창조할 것이다.

　　성소수자가 겪는 불평등을 완화하기 위해 동성혼 법제화 등 제도 변화도 물론 필요하지만, 해방은 그렇게 시작되지 않을 것이다. 결혼 정보 업체에서 동성 결혼에 대한 의식 조사를 시행했다는 점,* "(결혼 정보 업체로부터 호객 전화가 와서) '남자 싫어해요'라고 했더니 여자끼리 주선해 볼까요 이러더라"라는 네티즌의 증언은 의미심장하다.** 자본주의 사회에서 결혼은 인구를 효율적으로 통치하기 위해 고안되고 갱신되어 온 수단이자, 개인에게는 계급을 유지하고 물려주기 위한 수단이다. 동성혼 법제화는 결혼 시장의 파이를 불려 줄 수 있는 기회로 신자유주의와 전혀 불화하지 않는다. 한편, 거의 고려되지도 재현되지도 않지만, 현 제도상 법적 성별 정정을 하지 않은 트랜스젠더 퀴어는 지금도 동성혼을 할 수 있다. 하지만 우리는 그러한 주체를 거의 만나지도 상상하지도 못한다. 많은 트랜스젠더 퀴어들이 학교로부터, 노동 시장으로부터, 원가족으로부터 축출당하는 한편 성노동에 내몰리고 범죄에 연루되기

---

* 2022년 3월, 결혼 정보 회사 '듀오'는 동성 결혼 합법화에 대한 설문조사를 실시하고 블로그에 결과를 공개했다.
** 조소연, 「한국 성소수자 운동과 동성결혼 법제화의 위치」, 『비판사회학회 2022년도 하계학술대회 자료집』(비판사회학회, 2022), 330쪽.

더 쉬운 환경에 처해 있다. 이러한 원천적인 차별과 억압이 그대로 인 채 동성혼 법제화만 이뤄진다면 성소수자 중에서도 일정한 재산이나 관계 자본을 가진 상대적으로 '정상적인' 사람들만이 시민권을 획득하는 한편 더 취약한 사람들은 뒤에 남겨지는 것은 아닐지 우려스럽다.

이 책을 기획한 가족구성권연구소는 가족 관계를 혈연 혹은 혼인으로만 제한하는 것이 어떻게 불평등을 심화하는지를 드러내고, 이를 어떻게 시정할 것인가를 꾸준히 한국 사회에 질문하고 있다. 이는 '보편적 돌봄 제공자'* 중심으로 경제, 정치, 사회 제도를 재편하기 위해 반드시 거쳐 가야 할 논의이기도 하다. 그 첫 단계로 일대일 파트너십에서의 상호 부양과 양육에 관한 권리와 책임을 규정하는 생활동반자법이 발의되었다. 그러나 이 법안은 입양 등으로 이어지지 않은 다중의 가족을 포괄하지는 못한다는 점에서 한계가 있고, 만 19세 미만의 미성년자에게는 생활동반자 지위를 허용되지 않아 청소년의 가족구성권**을 별도로 논의해 나가야 할 과제를 남긴다. 우리에게는 제도를 넘나드는 다양한 상상과

---

* 보편적 돌봄 제공자란 낸시 프레이저가 자본주의 발전 과정에서 '남성 부양자' 모델이 부모 모두 과로하는 '보편적 부양자' 모델로 바뀌었음을 지적하며 제안한 대안적 시민상이다. 더 케어 컬렉티브는 이를 인용하며 '보편적 돌봄'의 개념을 구체화한다. 돌봄을 삶의 모든 수준에서 우선시하며 중심에 놓고, 직접적인 대인 돌봄뿐 아니라 공동체를 유지하고 지구 자체를 유지하는 데 필요한 모든 종류의 돌봄에 대해 모두가 공동의 책임을 지는 사회적 이상을 지향하자고 말한다.(더 케어 컬렉티브, 앞의 책, 54-55쪽) 이를 한국의 상황에서 구체적으로 어떻게 지향하고 실천할 것인가를 제안하는 책으로 김영옥·류은숙, 『돌봄과 인권』(코난북스, 2022)을 참고할 수 있다.

** 2019년 유엔은 '고아원'과 같은 아동 수용 시설의 존재 자체가 아동 권리를 저해하니 점진적으로 폐지해야 함을 결의했다. 원가족 혹은 시설 거주밖에 선택할 수 없는 상황에서 많은 청소년들이 제도 바깥에서 살아간다. 이미 존재하는 비공식적 탈가정 청소년 주거 공동체 또는 파트너 관계를 어떻게 양지화하고 지원할 것인가. 소위 '가출팸'의 '적발' 건수는 2016년 75건에서 2020년 674명으로 매년 급증하고 있다.

시도가 필요하다.

무지개집의 사례에서 보듯이 취약하고 가난한 사람들은 더 넓게 어울리고 뭉칠 때 이전에 없던 새로운 힘을 만든다. 어떤 장애인, 아동·청소년, 노인 등 돌봄이 필요한 사람을 중심으로 관계망이 만들어지기도 하는 것처럼 때로는 취약성이 관계의 지평을 넓히기도 한다. 일방적인 부양이라는 굴레에서도 동등한 상호 교환이라는 환상에서도 벗어난 다양한 돌봄 관계를 모색하는 사람들은 이미 도처에 있다. 모든 관계 유형에 법적 이름이 붙여져야 하는 것은 아니겠지만, 시민들이 살아가며 선택하거나 지향할 수 있는 공동체가 다변화되는 것은 중요하다.

나에게는 운 좋게도 참고할 만한 선배 여성들이 가까이 있다. 한 비혼 여성은 한 달에 한 번 발달장애청년허브 '사부작'에서 자폐스펙트럼 청년들, 그리고 그 가족들과 함께 밥을 차려 먹고, 한 청년과 종종 영화관에 간다. 또 다른 한 비혼 노년 여성은 탈가정과 탈학교로부터 이어진 관계 빈곤과 정서적 어려움을 고민하는 내게 한 달에 한 번 산책을 하자고 제안해 주었다. 그들은 그런 '가족 되기'를 선택했고 나는 그들을 보며 결혼을 하지 않고도 안정할 수 있게 하는 느슨하고 다채로운 관계를 상상한다. 한 달에 한 번 누군가의 앞에 숟가락을 놓아 주는 일로부터, 그렇게 새로운 세계는 온다. **서리북**

서경

교육공동체 벗 편집부. '밀루'라는 이름으로 청소년인권행동 아수나로 등에서 활동했다. 고등학교를 자퇴하고 대학을 가지 않았다.

📖 '가족구성권'은 다양한 가족의 등장을 지지하는 것을 넘어서 인간의 전 생애에 걸친 불평등을 시정하기 위한 근본적인 저항의 언어다. 정상가족을 모델로 꾸려진 주거, 노동, 의료, 연금 등 사회 제도 전반을 재고할 것과 이미 시민들이 실천하고 있는, 가족을 넘어선 돌봄과 유대를 지지하고 추동하는 제도와 정책을 도입할 것을 제안한다.

"가족구성권 운동은 사회 불평등 해소를 위한 저항의 토대로서 가족을 사유하며 '취약함'을 특정한 개인, 특정한 가족의 문제로 전가하는 사회를 변화시키고자 하는 운동이다. 따라서 (……) 여러 소수자들과 연대하며 '뒤처진 삶과 관계'로 간주되어온 것들에서 사회를 재구성해야 한다고 지속적으로 주장하고 있다. 가족을 저항의 언어로 삼는 것은 서로에게 의지하고 연대하는 사람들(……)의 다양한 관계를 낙인의 대상이 아니라 차이를 가진 존재로서 있는 그대로 사회에 기입하는 과정이다."—책 속에서

『가족을 구성할 권리』
김순남 지음
오월의봄, 2022

📖 장애인, 청소년, 노숙인, 미등록 이주민, 에이즈 환자 등…… 어떤 사람들은 무능하거나 위험하거나 처벌받아야 한다고 낙인찍혀 사회로부터 분리된다. 얼핏 서로 동떨어진 문제처럼 보이지만, 이들을 낙인찍는 다양한 규범은 국가의 인구 통제 메커니즘 안에서 동시에 작동하고 있으며, 실은 그 누구도 자유롭지 못하다. 누군가는 '이런 사람도 같이 살 수 있느냐'라고 묻지만, 이 책을 읽다 보면 그 '이런 사람'들의 편에 나란히 자리 잡게 될 것이다. 인간은 필연적으로 삶의 어느 순간 취약해지며 의존할 대상을 필요로 한다. 시민은 서로의 의존에 응답할 의무와 응답할 수 있는 환경을 보장받을 권리를 지닌다.

"특정한 시민의 역량을 박탈하는 그러한 권력이 시설화를 유지하는 핵심이다. 어떤 사람이 살아가기 어려울 때 그는 무능력하기 때문에 시설에 수용하면 된다고 상상하는 권력, 그 안에 존재하는 권력 관계를 은폐하고 의존성이라는 인간의 기본적인 속성을 억압받아야 할 이유로 바꿔 버리는 권력 말이다."—책 속에서

『시설사회』
장애여성공감 엮음
와온, 2020

세습 자본주의 세대

88만원 세대는 어쩌다 영끌 세대가 되었는가?

고재석 지음·우석훈 해제

★ ★ ★ ★ ★
유승민
최병천
이준석
추천!

인물과
사상사

1980년대생에 대해 말한 것과 말하지 않은 것

정인관

세대와 세습, 한국 사회를 이해하는 키워드

한국 사회에서 세대 문제를 먹고사는 문제와 연결해 담론화한 가장 선구적인 시도는 아마도 2007년 우석훈과 박권일이 쓴 동명의 책을 통해 닐리 알려진 '88만원 세대'가 아닐까 싶다. 이 용어는 IMF 경제위기 이후 대기업과 중소기업의 임금 격차 증대, 안정적 일자리의 감소, 그에 따른 경쟁의 심화 등 이전 세대와는 질적으로 다른 경험을 하게 된 1980년대생을 지칭한다. 변화한 사회경제적 기회구조하에서 열심히 살아도 이전 세대가 누렸던 것들을 얻기 힘든 이 세대는 하나의 새로운 계급으로 받아들여졌고, 특히 지난 수년간 세습의 문제와 연결 지어 이야기되어 왔다. 논의의 핵심은 자신의 노력만으로 사회경제적인 '완생'을 이루기 어려워진 세대의 운명은 그들의 문제를 해결해 줄 수 있는 '귀인', 즉 부모 혹은 조부모의 능력에 달려 있다는 것이다. 세대 간 세습은 크게 고등교육 기회나 자산의 증여라는 두 경로를 통해 이뤄진다. 이에 따라 한 사회에서 교육 기회가 얼마나 불평등하게 분배되고 있는지, 상속이나 증여가 불평등에 어떠한 영향을 끼치고 있는지에 대한 담론들이 확산되었는데, 특히 부동산 가격의 폭등은 자산 불평등의 증가에 따른 세대 간 재생산 심화에 대한 우려를 낳았다.

2010년대 중반 이후 미디어를 통해 확산된 수저계급론과 N포 세대론, 세대와 세습의 문제를 연결해 논의를 전개하는 이철승의 『불평등의 세대』(2019)와 조귀동의 『세습 중산층 사회』(2020)에 대한 큰 사회적 호응은 이들이 사회적 현상의 한 면을 포착했다는 것에 더해 일반인들이 이를 통해 사회 현실에 대한 자신들의 '감(느낌)'을 확인하는 기회를 가졌음을 보여 준다.* 자본소득이 노동소득을 압도하는 상황이 세습 중산층에 의한 세습 자본주의를 확산시킨다는 피케티의 논지는 이러한 상황이 비단 한국뿐만 아니라 선진 자본주의 국가들에서 정도의 차이만 있을 뿐 공통적으로 나타나고 있음을 확인시켜 준다.** 보다 최근에 한국 사회에서 세대와 세습의 문제는 2019년을 뜨겁게 달군 조국 사태와 지난 몇 차례 선거 결과에서 나타난 세대 및 성별에 따른 투표 경향, 특히 이대남 현상을 중심으로 이야기되어 왔다. 이렇듯 이미 많은 논의들이 이뤄진 상황에서 최근 출간된 고재석의 『세습 자본주의 세대』가 어떤 새로운 이야기를 더할 수 있을지 궁금함을 떨치기 어려웠다.

---

* 대니얼 마코비츠의 『엘리트 세습(The Meritocracy Trap)』, 매튜 스튜어트의 『부당 세습(The 9.9 Percent is the New American Aristocracy)』, 마이클 영의 『능력주의: 2034년, 평등하고 공정하고 정의로운 엘리트 계급의 세습 이야기(The Rise of the Meritocracy)』 등 해외 서적들의 경우 번역 과정에서 원제목에는 없던 '세습'이 포함되는데, 이는 한국 사회에서 세습 논의의 활발함을 반영한다. 계급과 인종 문제가 비교적 공고한 미국이나 유럽의 이야기가 한국에서 공감을 얻고 있다는 점은 이러한 현상의 동시대적 보편성, 즉 한국도 이제 그러한 사회로 나아가고 있다는 사람들의 믿음을 보여 준다. 참고로 '세대'와 관련해서도 임홍택의 『90년대생이 온다』, 전상진의 『세대 게임』, 신진욱의 『그런 세대는 없다』, 김정훈 등의 『386 세대유감』, 천관율과 정한울의 『20대 남자』, 국승민 등의 『20대 여자』, 인문잡지 《한편》의 세대 편 등이 주목을 받았다.
** 토마 피케티, 장경덕 옮김, 『21세기 자본』(글항아리, 2014).

아파트와 빌라가 모여 있는 서울의 주거 지역.(출처: wallpaperflare.com)

나도 1980년대 초반생이며 1990년대생에 비해 1980년대생에 집중한 논의가 많지 않았다는 점에서 흥미를 갖고 책을 펼쳤다.

1980년대생의 사회-역사적 풍경

책의 논의를 조금은 거칠게 요약하면 다음과 같다. '결혼과 부동산 시장의 패자'라는 제목의 1장은 오늘날 30대, 특히 남성들의 삶을 짓누르는 요인으로서의 주거 문제와 이들의 정치적 변심을 다룬다. 저자는 1960-1970년대생과 1980-1990년대생을 갈라 놓는 결정적인 기회구조의 차이로 부동산 소유의 가능성을 꼽으며 앞 세대를 '갭 투자 세대'로, 뒤 세대를 '임차인 세대'로 명명한다. 1980년대 이후 출생 세대는 증여가 아니고서는 자기 집을 갖기가 훨씬 더 어려워졌다는 것이다. 저자는 소위 '영끌'을 통해 아파트도 아닌 빌라를 겨우 구입했으나 이후 금리 상승으로 이자를 갚

느라 허덕이는 자신의 경험을 공유한다. 안정적이고 좋은 일자리를 얻을 가능성이 줄어들고 부동산 가격이 폭등한 결과는 특히 30대 남성들에게 치명적인 영향을 미쳤으며 비자발적 30대 미혼남(삼미남)의 증대를 가져왔다. 이들의 분노가 2022년 대선에서 보수 정당 후보에 대한 투표로 이어졌다는 것이 저자의 핵심 논지이다. 저자는 "부동산 이슈 말고는 이를 설명할 수 있는 요인이 없"(67쪽)음을 강조한다.

　'어쩌다 1980년대에 태어나'라는 제목의 2장은 저금리 시대에 부동산 구입을 통한 자산 증식 기회를 누리지 못한, "금수저가 아닌 사람이 기댈 언덕은 없"(87쪽)어진 1980년대생의 성장기 풍경을 다룬다. 이들은 문화적 열등감이 없는 첫 번째 세대였고, 개인주의의 확산에도 공동체에 대한 끈을 놓지 않은 세대로 그려진다. '사다리를 잃은 세대'라는 3장의 제목은 이 책의 제목이기도 한 '세습 자본주의 세대'의 다른 이름이다. OECD에 가입하며 선진국 문턱을 넘어선 나라에서 자랐으나, 이들이 대학을 거쳐 사회 진출을 준비하며 마주한 대한민국은 더 이상 개인의 노력만으로는 뭔가를 성취하기 어려운 곳이었다. 스펙을 쌓고, 자소서를 매매하며, 비정규직에서 정규직으로 올라가는 것을 최고의 목표로 삼는 이 세대는 열심히 살면서도 끊임없는 공포에 사로잡혔다. 이 공포감의 핵심은 '갓생'을 해도(부지런하게 살아도) 집을 구하지 못할 수 있다는 것이다. 이렇듯 진보 정권(노무현 정부)하에서 사회에 진출하며 비정규직의 일상화를 최초로 경험한 세대가 바로 1980년대생이었다. 이어지는 4장의 제목은 '진보 담론 우위의 시대'로 "진보적 무당파 성향"(181쪽)을 지닌 1980년대생을 낳은 2000년대 대학의 풍경을 다룬다. 이들은 한국대학총학생회연합(한총련)과 뉴라이트를 모두 거부했고, 복지에 대해서는 전향적 태도를 지녔으

비정규직 사원 장그래(오른쪽 앞)의 고군분투기를 담은 tvN 드라마 〈미생〉.(출처: tvN)

며, 진보 논객(진중권, 홍세화, 유시민, 김어준 등)의 글을 읽으며 세상을 이해했다. 다만 진보 정권의 시대에 불평등이 증대되고 "비정규직 공화국의 출발"(206쪽)이라고 부를 수 있을 만큼 각자도생의 가치가 확산된 것은 역설적이었다. 저자는 노무현 정권에 대해 비판적인 태도를 취하면서도 그 시대의 경험을 "지울 수 없는 지문"(209쪽)이라 말한다.

　'1980년대생의 변심이 말해주는 것'이라는 제목의 5장은 2020년대에 들어 보수 정당에 투표하게 된 1980년대생의 모습을 그린다. 저자는 2012년 대선과 2022년 대선 투표 결과를 비교하며 30대 남성과 여성의 진보에서 보수로의 변화 폭이 다른 세대와 비교했을 때 가장 컸음을 지적한다. 왜 이러한 변심이 나타났을까? 저자는 다시 한번 "문제는 부동산이었다"(248쪽)라고 말한다. 6장은 1990년대생에게 강하게 나타나는 능력주의 담론을 다

2022년 대한민국 제20대 대통령 선거에서 유권자가 투표 용지를 투표함에 넣고 있는 모습.
(출처: 대한민국 정부, 사진 촬영: 전한)

루고 있다. 이준석 전 국민의힘 대표와의 인터뷰, 그리고 그의 성장기에 주목하며 한국 사회에서 능력주의 담론이 확산된 원인으로 "문재인 정부에 대한 반작용"(272쪽)을 꼽는다. 7장에서 저자는 '너무 차갑지도, 지나치게 뜨겁지도 않은'이라는 제목하에 어느새 공동체의 문제에 무심해지고, 비정규직 등 약자의 문제에 눈감은 채 기득권을 갖지 못한 것에만 분노하는 1980년대생에 대한 성찰을 수행한다. 마지막으로 비정규직 문제와 관련, "공채 경쟁 대신 기존 직원만 기회를 얻는 일괄 전환 채용은 공정하지 않"(323쪽)으며 '비정규직 없는 세상'에 대한 공허한 구호를 외치기보다는 정규직의 안정성에 비견되는 비정규직에 대한 고임금 지급과 같은 보다 현실적인 대책을 추구할 필요성을 강조한다.

자신의 개인적 경험과 인터뷰를 통해 얻은 풍부한 이야기들을 바탕으로 저자는 1980년대생이 열심히 살아도 안정적인 직장, 자기 소유의 주거, 그리고 결혼을 통한 가족 구성이 어려운 최초의 세대임을 지속적으로 강조하며 이렇게 되는 과정에서 진보 정권(노무현, 문재인 정부)의 책임을 지적한다. 따라서 최근 선거에서 나타난 이들의 변심을 단순히 보수화로 규정하는 것은 현상의 본질을 제대로 보지 못하는 것이다.

1980년대생에 대해 말하기

조귀동은 『세습 중산층 사회』에서 1980년대생과 1990년대생 사이의 사회적 조건의 유사성을 인정하면서도 1990년대생을 1960년대생 부모에 의해 문화, 경제, 사회자본의 수혜를 받아 재생산된 최초의 '세습 중산층 자녀 세대'로 규정하고 있다.* 이와 달리 고재석의 '세습 자본주의 세대'는 1980년대생을 기원으로 한다. 저자는 1980년대생과 1990년대생의 "좁힐 수 없는 문화적 격차"(257쪽)에도 불구하고 이전 세대에 비해 노동 시장의 조건, 특히 비정규직의 광범위한 확산을 경험한다는 점에서 동질적이라는 데 주목한다. 또한 이들은 "평생 집 한 채 못 살 것 같"(31쪽)다는 점에서도 비슷한 처지에 놓여 있다. 세습 자본주의에 대한 책의 핵심적 논의가 부동산과 비정규직에 대한 것이기에 이 두 세대의 사회경제적인 처지는 근본적으로 다르지 않은 것으로 그려진다. 다른 한편에서 저자는 1980년대생이 겪은 특별한 경험들을 설명하는 데 적잖은 분량을 할애한다. 슬램덩크, 비운동권 학생회, 2002

---

* 조귀동, 『세습 중산층 사회』(생각의힘, 2020), 147쪽. 이러한 차이는 조귀동이 고재석에 비해 부모 세대(1980년대생의 부모인 1950년대생과 1990년대생의 부모인 1960년대생)가 지닌 경험의 차이에 좀 더 집중한 결과라고도 할 수 있다. 조귀동은 1980년대생의 30대 경험에 기반했을 때, 세습 중산층 세대인 1990년대생의 30대 경험은 불평등의 관점에서 더욱 심각할 것으로 예측하고 있다.

년 월드컵과 광장의 경험, 싸이월드 등 이들의 어리고 젊은 시절을 수놓고 있는 풍경들은 1980년대생에게 고유한 DNA로 남아 있을 것이다.

그럼에도 책에서 그려지는, 부동산 문제 앞에서 급격하게 변화하는 이들에 대한 묘사는 조금 평면적으로 느껴진다. 물론 한국 사회에서 내 집을 갖는다는 것의 의미와 현재 상황의 심각성은 이러한 주장에 대해 고개를 끄덕이게 만든다. 그럼에도 이 책에서 묘사하는 1980년대생의 지나치게 일관된 태도 변화는 어느 정도 저자 자신과 인터뷰 대상들이 대부분 이러한 변화를 경험한 사람들이라는 대상 선정의 편향성에서 나오는 것인지도 모른다. '그럼에도 불구하고' 태도가 변하지 않은 사람들, 혹은 부동산 문제와 상관없이 입장이 변화한 사람들도 등장시켜 비교를 시도했다면 좀 더 입체적이고 풍부한 논의가 이뤄질 수 있지 않았을까? 이러한 비교를 통해 오히려 변화의 이유를 좀 더 설득력 있게 드러낼 수도 있었을 것이다. 또한 1980년대생의 고유한 경험에 대한 짧지 않은 서술을 고려한다면 현재 상황에 대한 탄식을 넘어 이들 세대가 지닌 잠재적 에너지와 가능성에 조금 더 주목했으면 어땠을까 하는 생각도 든다.

저자는 이 책의 목적을 1980년대생의 행동 변화를 설명하는 렌즈를 제공하는 것이라 명시하고 있다. 즉, 진보적 이념을 갖췄고, 오랫동안 민주당을 지지했던 1980년대생이 왜 지난 몇 년 사이 보수 정당에 투표하는 세력이 되었는지를 알아보고자 하는 것이다. 책의 부제는 '88만원 세대는 어쩌다 영끌 세대가 되었는가?'인데, '어쩌다'를 원인에 대한 탐색으로 본다면 그렇게 변화한 기제에 대해 좀 더 다각도로 살펴봤으면 좋았을 것이란 생각이 든다. 저자는 "부동산 이슈 말고는 이를 설명할 수 있는 요인이 없다"(67쪽)

고 단정적으로 말하는데, 해당 이슈가 지닌 파급력에도 불구하고 그 외의 요인들도 어느 정도 영향을 줬을 수 있다. 소위 내로남불이라 불리는, 문재인 정부와 민주당의 정책 지향과 자신들의 행동 사이의 괴리도 그 예가 될 수 있다. 그럼에도 지나치게 부동산 문제에만 주목함으로써, '세습 자본주의 사회'라는 논의의 선명성은 갖췄지만 사람들의 태도 변화를 설명할 수 있는 논의의 폭은 좁아졌다.

　　세대론에 대한 전형적인 비판이긴 하지만, 세대 간 경험의 차이를 강조하다 보니 상대적으로 세대 내 경험의 차이에 대해 충분히 살펴보고 있지 않은 점도 지적할 수 있다. 이 책 역시 세대론의 한계가 세대를 계급과 동의어로 사용한다는 점에 있다는 비판으로부터 자유롭지 못하다. 여전히 사다리를 갖춘 사람들과 그렇지 못한 사람들, 젠더, 지역에 따른 경험이 부분적으로라도 포함되었다면 좀 더 풍부한 논의가 가능했을 것이다. 지난 대선에서 성별에 따른 30대의 정당 지지 격차는 20대보다 덜하기는 했으나 뚜렷한 차이를 보였다. 저자는 변화 방향(남성과 여성 모두 이전 선거에 비해 민주당 지지율이 떨어진 것)의 유사성에 주목하고 있지만 성별에 따른 차이를 살펴봤다면 현실을 좀 더 정교하게 포착할 수 있었을 것이다. 제목이 '세습 자본주의 세대'임에도 부모-자식 세대 간 세습의 구체적인 풍경들에 대해서는 잘 나타나지 않는다는 점도 조금은 아쉽다. 이러한 세습이 어떻게 이뤄지는지에 대해서는 단순히 금수저나 사다리와 같은 용어를 사용하여 부모의 도움 없이 자가를 갖기 어렵다는 이야기를 하고 있지만 그 구체적인 모습에 대한 논의는 찾아보기 어렵다.

　　이러한 아쉬움에도 불구하고 이 책이 지닌 미덕은 무엇보다도 잘 읽힌다는 것이다. 저자는 제주에서 서울로 올라와 월세를 전전하다 결국 집을 마련하기까지의 고군분투기를 생생하게 그려 낸다. 또한 1990년대와 2000년대의 사회문화적 풍경 속에서 1980년대생이 자신의 정체성을 어떻게 형성했는지 나름 설득력 있게 보여 주고 있다. 책에서 묘사된 그 시절의 경험들을 떠올리며 나 역시 잠시나마 내가 서 있었던 자리와 서 있는 자리에 대해 돌아볼 수 있었다. 무엇보다도 넘쳐나는 20대 담론과 86세대론 사이에서 조금은 주변부로 다뤄졌던 1980년대생의 모습을 장기적인 관점에서 그려 낸 점이 귀하게 다가온다. 이제까지 세대론을 다룬 책들이 주목하지 않았던 부분에 대해 관심과 애정을 갖고 이야기한다는 점에서 이 책이 지닌 가치는 충분하다. **서리북**

정인관

서울대와 예일대에서 공부했으며, 현재는 숭실대 정보사회학과에서 학생들을 가르치고 있다. 사회 이동, 교육 불평등, 한국 사회의 디지털화에 대해 연구하고 있다. 함께 쓴 책으로 『플랫폼 임팩트 2023』이 있다.

📖 고재석의 책에서 **1980년대생**과 **1990년대생**은 유사한
부동산 및 노동 시장의 기회구조에 놓여 있는 세습 자본주의
사회의 약자로 그려진다. 그러나 조귀동의 『세습 중산층
세대』에 따르면 **1990년대생**이 마주하고 있는 현실은
더 어렵다. 지난 **2020년** 출간된 이후 한국 사회에서 세습과
세대 문제에 대한 관심을 불러일으킨 책.

"노동 시장의 '공급' 측면에서도 20대는 최악의 경험을 하는
세대다. 베이비부머인 60년대생의 자녀 세대로서 30대보다
절대적인 숫자가 많을 뿐만 아니라, 특성화고 등이 급격히
위축되면서 선 대학 진학-후 취업을 '울며 겨자 먹기' 식으로
선택하지 않을 수 없기 때문이다."—책 속에서

『세습 중산층 사회』
조귀동 지음
생각의힘, 2020

📖 세대론이 묘사하는 전형적인 구성원은 과연 누구인가?
같은 세대 안의 이질적인 구성원들, 특히 자신의 목소리조차
내기 어려운 이들은 과연 누구인가? 이기호의 이 소설은
'지방' 청년의 모습을 조금은 얼얼할 만큼 생생하게
그려 낸다.

"하지만 정용은 지금 진만의 수중에 25만 원도 없다는 것을
잘 알고 있었다. 남들은 몇억 원씩 되는 아파트를 영혼까지
끌어 마련한다고 하는데…… 그렇다면 진만의 영혼은 과연
어떤 영혼인가? 무슨 다이소 같은 영혼인가? 다이소에서
파는 5천 원짜리 지갑에 깃든 영혼인가?"—책 속에서

『눈감지 마라』
이기호
마음산책, 2022

Practice 實際 실제 Science
學 학 Arts 術 술 Theory
觀察 관찰 System 規模
규모 Induction 帰納法
귀납법 Liberal Art 藝術
예술 Literature 文學 문학
文章 문장 Deduction 演繹法
연역법 Mechanical Art
技術 기술 그 많은 개념어는 누가
만들었을까

서양 학술용어 번역과
근대어의 탄생

야마모토 다카미쓰 지음
지비원 옮김

메멘토

『그 많은 개념어는 누가 만들었을까』
야마모토 다카미쓰 지음, 지비원 옮김
메멘토, 2023

서양의 학술은 동아시아에서
어떻게 받아들여졌나

박진호

니시 아마네라는 지식인

니시 아마네(西周, 1829-1897)는 에도 막부 말기부터 메이지 시대 초기까지 살았던 지식인이다. 어릴 때는 한학(漢學), 유학(儒學)을 공부했으나 나중에는 양학(洋學)을 공부했고 네덜란드에 유학을 다녀오기도 했다. 메이지 유신 이후 정부에서 군사 제도를 만드는 데 관여하기도 했고, 신식 학문을 많은 사람들에게 가르치기 위한 저술, 번역, 교육 활동도 활발하게 했다. 뜻을 같이하는 사람들이 메이로쿠샤(明六社)를 조직하여 《메이로쿠 잡지(明六雜誌)》를 간행한 것으로도 유명하다.

　니시 아마네는 사숙(私塾)에서 제자들에게 서양 학문의 체계에 대해 강의를 했고 그가 작성한 강의 메모도 남아 있는데, 이 강의를 들은 제자 나가미 유타카(永見裕)가 강의 내용을 정리하여 펴낸 책이 『백학연환(百學連環)』이다. 당시 니시 아마네가 파악한 서양 학문의 체계와 기본 개념들을 총론에서 제시하고, 이 분류 체계에 따라 각 분과 학문들을 소개했다.

　야마모토 다카미쓰는 게임 크리에이터인데, 현재 일본에서

니시 아마네.(출처: 일본 국회도서관)

행해지고 있는 학술 활동의 틀이 막말(幕末)-메이지 시대에 서양으로부터 이입된 지식에 바탕을 두고 있으므로 그 이입 과정을 알고 싶다는 호기심에서 이 주제에 대해 오랫동안 공부를 해왔고 그 과정에서 『백학연환』을 만나게 되었다. 그는 이 책을 몇 번이고 곱씹으며 읽으면서 문장 하나하나의 의미와 배경을 나름대로 깊이 이해하게 되었다. 그리고 이 책의 총론이 현대인들에게 중요하다고 판단하여, 이를 해설하는 글을 블로그에 연재했고, 이 블로그 연재물을 다시 정리하여 2016년에 책으로 펴낸 것이 바로 『그 많은 개념어는 누가 만들었을까: 서양 학술용어 번역과 근대어의 탄생』이다. 이 책의 일본어 원제는 '『백학연환』을 읽다(『百學連環』を讀む)'이다.

서양 학술의 체계와 학술어의 번역

필자는 이 책을 읽으면서 니시 아마네의 학문적 관심이나 태도가 필자와 비슷하다고 느껴져서 반가운 마음이 들었다. 필자는 대학의 어느 학과에 가서 무엇을 전공할지 일찍 결정했지만, 대학에서 가급적 넓게 공부할 포부를 일찍부터 지니고 있었고, 그래서 지망하는 대학에 어떤 단과 대학들이 있고 각 단과 대학 안에 어떤 학과들이 있는지를 조사하여 그 목록을 들여다보는 것을 즐겼다. 또, 대학 1학년 때는 여러 수업을 듣고 책을 읽으면서, 학문의 체계가 시대에 따라 어떻게 분화하고 변모했는지도 조금씩 알게 되었다. 문과 학문과 이과 학문이 통합되어 있다가 분리된 과정, 문과 학문에서도 인문학과 사회과학이 나뉘게 된 경위, 이과 학문에서도 자연과학과 공학이 나뉘게 된 사정 등을 알아 가는 것이 흥미로웠다. 또한 이렇게 세분화된 분과 학문들이 서로 어떻게 관계를 맺고 있는지에 관심이 많았다. 그래서 논리실증주의자들이 흔히 이야기하던 명제, 예컨대 사회학은 심리학에 바탕을 두고 있고 심리학은 다시 생물학에, 생물학은 화학에, 화학은 물리학에 기반을 두고 있다는 식의 이야기를 좋아했다. 물론 이 관계에서 앞의 것이 뒤의 것으로 환원될 수 있다는 식의 나이브한 환원주의(reductionism)는 비판을 많이 받고 있고 그런 비판에 대체로 동의하지만, 분과 학문들이 맺고 있는 관계, 그런 관계들의 총체로서 전체 학문의 체계는 오래전부터 지금까지 줄곧 필자의 관심사였다. 니시 아마네도 필자와 비슷한 관심사를 가졌던 듯하여 무척 반가웠다.

그런데 니시 아마네는 지금으로부터 백수십 년 전의 사람이므로, 당시의 학문이나 당시 사람들의 학문에 대한 인식은 오늘날의 관점에서 보면 너무 낡은 것으로 느껴질 수도 있다. 백수십 년 전 사람의 낡은 생각을 오늘날 다시 알아볼 필요가 어디에 있을까?

그것은 오늘날 동아시아인들이 사용하고 있는 중요한 학술어, 개념어 중 상당수가 이때 일본에서 만들어졌으며, 니시 아마네도 그런 일을 한 대표적인 인물이라는 데서 찾을 수 있을 것이다.

　　'philosophy'의 번역어 '철학', 'deduction'의 번역어 '연역', 'induction'의 번역어 '귀납' 등이 니시 아마네가 만들어 낸 대표적인 말들이다. 오늘날 우리는 이런 말들을 너무나 익숙하게 사용하고 있어서, 이 말들이 만들어진 경위, 이 말을 생각해 낸 사람들의 머릿속에서 일어난 일련의 사고 과정들 같은 것에 신경을 쓰는 일이 별로 없다. 하지만 오늘날 우리 사고 체계의 근간을 이루는 이런 개념어들이 어떻게 만들어졌는지를 아는 것은 학문적으로뿐 아니라 우리 자신의 생각의 근본, 원천을 돌아본다는 점에서 중요하다.

　　이 책에는 니시 아마네가 서양의 학술 용어들을 어떻게 이해했는지, 동아시아인들에게 이를 쉽게 이해시키기 위해 어떤 궁리를 했는지 상세하게 나와 있어서, 그 과정을 따라가는 것이 유익하기도 하고 재미있기도 하다. 이 책의 한국어 번역본 제목은 이 점을 중시해서 붙여진 것으로 보이는데, 초점은 서양 개념어의 번역에 있다기보다 니시 아마네가 파악한 서양 학문의 체계에 있으므로 좀 핀트가 안 맞는다는 느낌이 있다. 학문의 체계보다 개념어 번역에 관심이 있어서 이 책을 집어 든 사람은 기대와 어긋난다는 느낌을 받을 수도 있다.

문헌학적 추적

야마모토 다카미쓰는 『백학연환』에 나와 있는 문장들에 대해, 니시 아마네가 서양의 어떤 책을 참고했을지를 세심하게 추적했다. 예컨대 'science'와 'art'를 니시 아마네는 각각 '학(學)'과 '술(術)'로 번역하고, 전자는 진리를 알아 가는 것, 후자는 알아낸 진리를 활용하여 어떤 일을 하는 것으로 정의했다. 이들 개념을 설명하는 대목에서 윌리엄 해밀턴(William Hamilton, 1788-1856)이 언급되어 있어서 해밀턴의 『논리학 강의(Lectures on Logic)』를 찾아보기도 하고, 해밀턴이 사용한 개념의 뿌리를 찾아 아리스토텔레스의 『형이상학』과 『니코마코스 윤리학』을 뒤적여 보기도 하며, 1818년 미국에서 창간된 *American Journal of Science and Arts*를 떠올리기도 하고, 『브리태니커 백과사전』 제7판(1830-1842)에 윌리엄 해즐릿(William Hazlitt, 1778-1830)이 기고한 'Arts' 항목을 뒤지기도 한다.

그런데 『백학연환』에 나와 있는 문구와 이들 문헌의 문구가 정확히 일치하지 않는다는 점에 착안하여, 니시 아마네가 이들 문헌을 직접 보고 인용했다기보다 이들 문헌을 바탕으로 한 다른 문헌에서 재인용했을 가능성을 탐색한다. 이렇게 꼬리에 꼬리를 무는 식으로 추적해 간 결과 야마모토가 도달한 종착점은 『웹스터 영어사전』이다. 그런데 이 사전도 여러 판이 있고 판에 따라 내용에 차이가 있으므로, 니시 아마네가 쓴 문장과 가장 가까운 것을 찾아 들어가서 『웹스터 영어사전』 1864년 판 또는 그 계보에 속하는 판본으로 좁혀 들어간다. 문헌학적 추적의 진수를 보여 주는 대목이다.

일본 학자들은 특히 이런 일에 열심이고 능숙한 경향이 있다. 필자는 이 대목을 읽으면서 다른 사례가 떠올랐다. 『일본서기(日本書紀)』는 720년에 편찬된 일본의 정사(正史)인데, 상당히 유려한 문체를 구사한 부분이 꽤 있어서, 이런 부분들은 일본인이 무로부터 창작했다기보다 중국 문헌에서 따온 것이 아닐까 하는 추측이 일찍부터 있었다. 그래서 여러 학자들이 『일본서기』의 수많은 문장에 대해, 이 책에서 따왔다 저 책에서 따왔다 하는 사실을 많이 밝

니시 아마네의 메모. 첫째 줄에 "art webster"라고 적혀 있다.(출처: 『그 많은 개념어는 누가 만들었을까』, 136쪽, 메멘토 제공)

혀냈다. 그런데 일부 학자는 『일본서기』의 문장과 중국 문헌의 문장이 완전히 일치하지는 않는다는 점을 중시하여 『일본서기』의 작자가 이들 중국 문헌을 직접 참고했다기보다, 이들 중국 문헌의 내용을 수록한 다른 문헌으로부터 재인용했을 가능성을 탐색하게 되었고, 세심한 탐색 결과 『예문유취(藝文類聚)』가 유력한 후보로 지목되었다. 이렇게 『일본서기』에 대한 문헌학적 연구가 탄탄하게 축적되었고, 오늘날 우리는 『일본서기』를 편찬한 사람들의 학문적 배경에 대해서까지 소상히 알 수 있게 되었다.

복잡한 구조물 속을 항해하는 법

니시 아마네는 자신의 강의가 일관되고 전체로서 질서정연한 체계를 구성하도록 세심하게 신경을 썼다. 따라서 『백학연환』을 읽는 독자들은 책의 어느 한 부분을 읽고 있다 하더라도 자기가 지금 읽고 있는 이 부분이 전체 구성에서 어느 부분에 해당하는지를 항상 모니터링하면서 읽어야 그 진수를 느낄 수 있다. 야마모토 다카

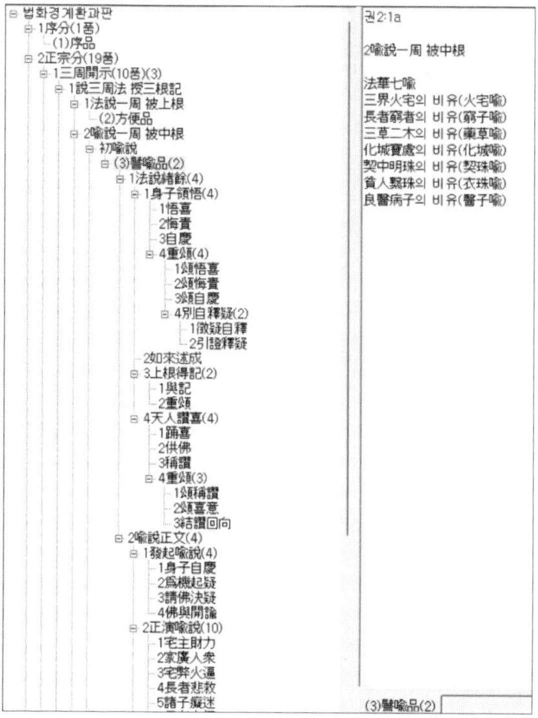

소프트웨어로 표시한 『법화경』의 과판 일부.(출처: 박진호 제공)

　미쓰는 바로 이 점을 매우 중시하면서 『백학연환』을 해설하고 있다. 필자 역시 무슨 책을 읽든지 이 점을 항상 중시하기 때문에, 니시 아마네와 야마모토 다카미쓰라는 동지를 만난 것이 무척 반가웠다. 필자는 구성이 꽤 복잡한 책을 읽을 때는, 책의 내용적 구성에서 내가 어느 부분을 지나고 있는지에 대한 감각을 놓치지 않기 위해 소프트웨어를 이용하기도 한다.

　위 그림은 불경 『법화경』에 대해 송나라 때의 승려 계환(戒環)이 과판(科判, 내용상의 위계적 구조에 따라 단락을 구분하고 각 단락의 내용을 요약한 제목을 붙임)한 것의 일부를 소프트웨어로 표시한 것이다. 위계 구조가 너무나 복잡하여 이런 식으로 도구의 힘을 빌리지 않으면 내가 지금 읽고 있는 부분이 책의 전체 구성에서 어느 부분의 어느 부분에 있는지를 놓치고 길을 잃기 십상이다. 책을 읽는 전체 여정에서 내가 어디쯤 와 있는지의 감각을 항상 유지하는 것은 제대로 된 독서를 위해 매우 중요한데, 필자의 이런 생각을 공유하는 니시 아마네와 야마모토 다카미쓰라는 동지를 만나서 반가운 것이다.

니시 아마네의 교수법

니시 아마네는 동아시아의 전통 학문과 서양 학문 양쪽을 다 섭렵했기 때문에, 제자들에게 서양 학문의 체계나 개념을 설명할 때 동아시아의 고전을 곧잘 방편으로 사용했다. 예컨대 '학(學, science)'이든 '술(術, art)'이든 theory(니시 아마네의 번역은 '관찰')와 practice(니시 아마네의 번역은 '실제')의 두 측면이 있다고 설명한 뒤, 이 개념을 (동양 학문은 어느 정도 터득했으나 서양 학문은 이제야 처음으로 배우고 있는) 제자들이 이해하기 어려울 것이라고 생각했는지, '지(知)'와 '행(行)'이라는, 동아시아 학문에서 익숙한 개념으로 설명하고 있다.

또한 니시 아마네는 추상적인 개념이나 명제를 제시한 뒤, 이를 생생한 비유로써 예시하는 수법을 즐겨 사용하고 있다. 가령 '지'와 '행'을 소개한 뒤, 지의 성질은 넓음이고 행의 성질은 좁음이라고 말하고 있는데, 이 말의 뜻을 제자들이 금방 이해하기 어려울 것을 짐작한 듯, 구체적인 예를 들어 설명하고 있다. 이런 식이다. 가게에 가서 붓을 사려고 할 때 열 개 중에서 고르기보다 백 개 중에서 고르면 더 좋은 것을 얻을 수 있다. 앎을 추구할 때도 폭넓게 탐색하는 것이 좋다는 것이다. 그런데 일단 붓 한 개를 고르고 나면, 이 붓의 성질을 깊이 알아서 글씨 쓰는 데 잘 활용해야 한다. 획득한 지식을 특정 목적에 활용할 때는 그 목적에 맞게 좁고 깊게

『백학연환』에서 '학'과 '술'을 설명하는 지면의 일부. '학' 자와 '술' 자 아래에 '관'과 '실'을 나란히 적어
놓았다.(출처: 『그 많은 개념어는 누가 만들었을까』, 166쪽, 메멘토 제공)

파고들어야 한다는 것이다.

　　니시 아마네가 사용한 이러한 수법들에 대해 야마모토 다카
미쓰가 다시 풀어서 설명하고 그 배경까지 친절하게 추적하고 있
어서, 이 책을 읽는 재미를 더하고, 책이 술술 읽힌다. 어쩌면 야마
모토가 강단에 있는 학자가 아니라 게임 크리에이터라는 첨단의
직업을 가지고 있고 젊은이들과 자주 소통하기 때문에 이런 쉽고
재미있는 글쓰기가 가능했으리라는 짐작도 든다.

학문 체계에 대한 성찰의 현재적 의의

니시 아마네가 백수십 년 전에 했던, 학문의 전체 체계를 세우고
분과 학문들을 그 속에 적절히 배치하는 작업은 지금도 필요하다.
학문이 사회의 필요에 따라 적절하게 분화되어 있고, 각 분과 학문
이 제 역할을 잘 수행하고 있고, 그런 분과 학문들의 성과가 적절

히 결합되고 응용되고 있다면, 즉 학문이 전체적으로 제대로 작동하고 있을 때에는 학문의 체계에 대한 반성, 성찰의 필요성이 그리 크지 않을 수도 있다. 그런데 만약 분과 학문으로의 지나친 세분화, 파편화에 따라 각 분과에 속한 학자들이 우물 안 개구리가 되고 이웃 분과에 대해서 너무 모르는 현상이 심화되고 있다면, 그에 따라 여러 분과 학문을 아우르는 학제적(interdisciplinary) 연구가 (사회 문제가 복잡해짐에 따라 그런 학제적, 복합적 해결책을 필요로 하는데도 불구하고) 원활히 이루어지지 못하고 있다면, 그리고 각 분과 학문의 성과가 사회의 필요와 괴리되고 학자들만의 자기만족적인 행위에 그치고 있다면, 학문과 관련된 제도와 관행에 대한 성찰이 절실히 필요하게 된다. 학문을 이러이러하게 분과 학문으로 나누는 것이 (과거에는 적절했을지 몰라도) 지금 적절한가, 대학에서 단과 대학과 학과를 지금처럼 이러이러하게 나누는 것이 적절한가, 각 분과 학문 사이의 관계를 지금까지처럼 이러이러하게 설정하는 것이 과연 타당한가 물어야 한다.

그런 솔직한 반성적 물음 없이, 지금까지의 관행에 편승하여 타성적으로 학문 행위를 계속해 가는 것은, 태평성대라면 그 폐해가 적을 수도 있겠지만, 격변의 시기에는 엄청난 폐해를 낳을 수도 있다. 현재 세상이 어떻게 변화하고 있는지, 학자들이 무엇을 어떻게 해야 하는지 처절하게 반성해 보고, 학문의 전체적 체계를 어떻게 다시 짜면 좋을지 근본적인 구상을 새로 해야 할지도 모른다. 이 책은 그런 구상을 할 때 좋은 참고가 될 수 있을 것이다. **서리북**

박진호
본지 편집위원. 언어학자. 서울대학교에서 가르치고 있다. 공저로 『한국어 통사론의 현상과 이론』, 『현대한국어 동사구문사전』, 『인문학을 위한 컴퓨터』 등이 있다.

📖 전근대 동아시아에서는 정치를 할 때 법에 너무
의존하기보다는 도덕을 중시하는 게 좋다는 관념이 있었다.
메이지 시대에 서양의 정치 제도를 일본에 도입하려고 할 때,
법과 도덕의 관계에 대한 서양의 관념을 소개하고 일본에서
새로 정립할 필요가 있었다. 이 문제에 대한 니시 아마네의
생각을 알아보고자 할 때 이 책이 제격이다. 이 책에는
니시 아마네의 생애와 저작에 대한 옮긴이의 해설도 있어서
좋은 길잡이가 된다. 이 책에도 『백학연환』 총론의 번역이
실려 있다.

『백일신론』
니시 아마네 지음
허지향 옮김
빈서재, 2020

"(현대 군대의 특성을 설명하며) 그런데 이 '기계장치'라는
것에는 위에서 말한 예들 외에도 또 하나의 기계장치가
있다. 바로 기계를 사용하는 것이 아니라 사람을 기계처럼
사용한다는 관점이다. 즉 한 명의 대장이 자신의 팔다리를
움직이는 것처럼 천군만마를 지휘한다는 사고방식으로,
이 메커니즘을 번역하면 '절제의 병사'라고 할 수 있다."
— 책 속에서

📖 서양의 개념어들이 동아시아, 특히 일본에서
한자어로 어떻게 번역되었는지에 대해 10개의 예를 들어
흥미진진하게 설명한 책이다. 추상적인 설명보다 몇 개의
구체적인 예를 들어 설명한 방식이 돋보인다. 서양의
개념어가 바탕에 깔고 있는 인식 체계를 당시의 일본인들이
완전히 이해할 수는 없었기 때문에 여러 불완전한/
불만족스러운 번역어들이 제안되기도 했는데, 서양에
대한 인식이 더 넓어지고 깊어짐에 따라 번역어도
더 다듬어지고 향상된다. 그래도 동양과 서양 사이의 문화와
세계관의 차이로 인해 원어와 번역어 사이에는 여전히
간극이 존재한다. 우리 동아시아인의 현재의 사유 체계가
서양의 그것에 어떻게 기대고 있고 어떤 변용이 일어났는지
알고 싶다면 이 책이 제격이다.

『프리덤, 어떻게 자유로
번역되었는가』
야나부 아키라 지음
김옥희 옮김
AK커뮤니케이션즈, 2020

"본래 society는 번역하기가 매우 어려운 단어였다.
society에 해당하는 말이 일본어에 없었다는 것이 가장
큰 이유다. 해당하는 말이 없었다는 것은 곧 society에 대응할
만한 현실이 일본에 없었음을 의미한다."—책 속에서

에도로
가는
길

운명을 거슬러
문을 열어젖힌
이방인

에이미 스탠리
유강은 옮김

『에도로 가는 길』
에이미 스탠리 지음, 유강은 옮김
생각의힘, 2022

정말, 그녀가 그랬다고?

이은경

에도로 가는 길에 서평의 길을 잃다

서평을 어떻게 쓰더라? 서평 쓰는 법을 잊은 것 같다. 『에도로 가는 길』의 책장을 덮으며 든 첫 생각이었다. 서평이란 무엇인가를 고민하게 만드는 책이다. 서평은 그 책을 이미 읽은 독자를 위한 것인가, 아직 읽지 않은 잠재적 독자를 위한 것인가? 그리고 그 독자란 역사 연구자일까, 일반 독자일까? 책의 내용을 요약함으로써 핵심적 내용을 '스포'해도 되는가? 지면을 절약하기도 할 겸 내용 소개는 생략하고, 책을 읽은 후 내 머릿속에서 전개되는 상념이나 관련 지식을 펼쳐 놓아도 될까? 서평을 통해 결론뿐 아니라 필자의 의도와 꼼수까지 샅샅이 알게 되더라도, 그 책이 페이지를 넘겨 가며 시간을 보낼 만한 의미가 있는 글이라는 것을 독자에게 어떻게 전달할 수 있을까? 논평의 대상은 책을 쓴 저자일까, 책 안의 등장인물도 포함될까? 아, 번역자도 잊으면 안 되겠구나. 참, 그런데 이 책은 연구서였나, 소설이었나?

에도를 향한 동행: 최소한의 줄거리

이 책은 19세기 초 수도 에도에서 머나먼 곳에 위치한 작은 마을에서 태어났으나, 전통이나 주위의 기대와 다른 선택을 거듭하다가 에도에서 약 50여 년의 고단한 생애를 마감했던 쓰네노라는 여성의 생애에 관한 논픽션이다. 쓰네노가 가족에게 보낸 편지와 그 가족이 남긴 기록을 바탕으로, 에이미 스탠리(Amy Stanley)라는 미국의 역사학자가 그녀의 생애를 생동감 있게 재현해 냈다. 그와 더불어 이 책의 또 다른 주인공이 그녀의 가족이나 남편들이 아니라 에도(도쿄)라고 여겨질 정도로, 에도라는 도시 구석구석의 모습 그리고 그곳을 무대로 펼쳐지는 일본인의 일상, 나아가 페리 내항과 에도 막부 붕괴 등 조만간 다가올 정치적 격변의 전조까지를 흥미진진하게 담아냈다. 페이지 곳곳에 당시 일본의 정치사뿐 아니라 도시사, 사회사, 문화사의 연구 성과가 배어 있는데, 그래서 의심 많은 연구자라면 의외로 페이지가 쉽게 넘어가지 않을 수도 있다.

이 책의 범상치 않은 기운을 느끼기에는 프롤로그만으로도 충분하다. 하지만 쓰네노의 생애를 9개의 장으로 나눠 담은 본문은, 일목요연하지 않은 소제목만큼이나 각각의 내용도 균일하지는 않다. 1장 '머나먼 땅'에서는 린센지라는 사원의 승려 가문의 일원으로 태어난 쓰네노의 유년기를, 훗날 그녀의 편지를 받게 될 가족들에 대한 소개와 더불어 그려 낸다. 2장 '시골에서 보낸 반생'은 쓰네노가 에도로 향하게 된 배경을 담았다. 12세에 시작해서 35세까지 반복된 세 번의 결혼과 이혼, 그리고도 이어지는 또 다른 혼담을 뒤로하고 인근 마을 하급 승려인 지칸이라는 남자를 의지하여 가족 몰래 에도로 향하기까지의 이야기다.

3장 '에도로'에는 쓰네노가 에도에 이르기까지의 여정이 두

19세기 에도 니혼바시의 풍경을 담은 우타가와 히로시게의 그림. (출처: 위키피디아)

가지 방향에서 묘사되는데, 하나는 지칸을 신뢰한 것이 잘못된 선택이었음이 확실해지는 과정, 또 하나는 드디어 그녀가 발을 들여 목도하게 되는 에도의 거리를 마치 카메라가 이동하며 클로즈업하듯 담아낸 생생한 풍경이다. 4장 '셋방에서 보이는 풍경'과 5장 '사무라이의 겨울'은 홀로 그리고 단벌로 에도 생활을 시작한 쓰네노가 가까스로 몸을 누일 거처를 마련하고 끊임없이 더 나은 조건의 일거리를 찾아 생계를 꾸려 가는 고단한 일상, 그리고 그 주변 인물에 대한 기록이다. 6장 '도시 생활을 위한 복장'과 7장 '집에서 벌어지는 문제들'은 쓰네노가 에도에 정착한 후의 다소는 안정된 생활, 귀향을 권하는 가족의 바람을 뒤로하고 네 번째 결혼 후 에도에 남기까지의 이야기가 담겼다. 처음으로 그녀 자신이 선택한 남자와의 결혼이었지만, 딱 그 정도의 의미만이 있는 결혼이었음을 확인하게 된 후의 선택은, 가족이 있는 곳으로의 귀향이었다. 8장 '에도 마치부교소에서'는 가족의 동의하에, 이제는 번듯한 사무라이로서 자리를 잡은, 그러나 여전히 미덥지 못한 네 번째 남편과 재결합한 쓰네노가 다시 에도로 돌아간 후의 생애를, 9장 '죽음과 사후'는 제목 그대로의 내용을 담았다.

길을 잃은 독자의 소심한 저항

거칠게나마 이 책의 내용을 요약해 보았다. 최소한 쓰네노에 관해서라면 그렇다. 하지만 각 장마다 그에 버금가는 분량, 아니 그 이상의 분량을 차지하는 것은 그녀가 동경했거나 실제 살고 있었던 에도, 그 에도로 상징되는 근세 일본의 이야기다. 독자는 쓰네노라는 여인을 만나 그녀의 기구한 인생에 관한 하소연을 듣던 중에, 돌연 누군가에 손목을 붙잡혀 낯선 에도의 어느 뒷골목이나 시끌벅적한 상점가에 떨궈진 자신을 발견할 수도 있고, 최소한의 체면도 차리기 힘들 정도로 열악한 생활에 내몰린 또 다른 사무라이의 사연을 들으며 혀를 차게 될 수도 있다. 떠밀려 계속 이동하다 보면 에도성 내 높은 정치인들의 내밀한 사담을 엿듣게 될 수도 있고, 긴장감이 감도는 에도만의 어느 바닷가에서 의기양양한 서양인을 마주할지도 모른다.

쓰네노라는 한 여성의 개인사와 에도라는 도시의 풍경을 에도 시대의 정치·사회적 변화의 흐름과 절묘히 엮어 낸 시도는 이 책의 가장 두드러진 특징이자 빼어난 장점이다. 결혼, 이혼, 장례, 나아가 의복이나 유흥 등 당시의 생활 문화에 대해서도 섬세하게 묘사되어 있다. 문장 또한 쉽고 평이한데, 심지어는 유려하고도 울림을 주는 표현까지 더해져 페이지를 넘길 때 종종 감동과 쾌감마저 느껴질 정도다. 종국에는 흔히 '남자들의 도시'로 불려 왔던 에도가, 실은 다양한 사연을 가진 혹은 꼭 그렇지만도 않은 수많은 '쓰네노들'의 수고에 의해 유지되고 지탱되었으리라는 사실을 인식하게 된 자신을 발견하면서, 뿌듯한 마음으로 책을 덮게 될 것이다. 지도와 등장인물 소개와 같이 가독성을 높이기 위한 장치를 마련한 것이나, 저자의 의도를 최대한 살려 보려 부심한 티가 나는 편집, 용어의 선택에 고심한 흔적이 느껴지는 번역에도 감탄하게 된다. 교양서로서든 강의 참고 도서로든 추천하고 싶은 책이다. 다만, 일반 독자에게는 사소하거나 심지어 문제조차 아니겠지만, 연구자에게는 조금 불편한 부분이 있다는 점은 지적해 두고 싶다.

　책을 읽으면서 이렇게나 책 뒤의 미주를 수시로 펴 본 적이 있었나 싶다. 일상의 고단함에 대한 고백이든, 에도의 풍경에 대한 묘사든, 어떤 사건이나 상황에 대한 판단이든, 그 표현의 주체가 쓰네노인지 또 다른 어떤 연구자의 견해가 반영된 결과인지, 저자의 온전한 추측과 상상력의 산물인지를 수시로 확인하느라 미주 부분에 손가락을 끼운 채 읽어야 했다. 서평자로서의 부담 때문이기는 했지만, 그야말로 저자와 씨름하는 느낌으로 페이지를 넘겼다. 이런 식이다. "대다수 일본인들처럼 그녀도 오랜 지혜의 원천이자 이야기책 속 주인공들의 고향인 중국에 관해 막연하게나마 알고 있었다."(223쪽) 당시 중국의 사정에 대한 두 페이지 분량의 설명이 시작하는 지점의 이 문장에 미주 번호가 달려 있다. '정말? 그녀가 중국에 대해서도 알고 있었다고?'라는 반가움에 얼른 미주를 찾아보면, '중국이라는 장소, 지식, 물건'에 관해 저자가 참고한 자료가 무엇이었는지가 적혀 있다.

　쓰네노를 매개로 19세기 전반의 에도와 일본뿐 아니라 국제 정세까지를 함께 다루기 위한 집필 방식은, 대개 이상과 같은 일정한 형식을 반복할 수밖에 없다. '정말? 쓰네노가 그랬다고?'라며 반가운 마음에 미주를 들춰 보면, 그녀가 아니라 동시대의 누군가가 경험했을 일을 소개한 경우가 많았다. 대부분 구체적인 주체가 생략되어, 그러니까 틀렸다고 지적하기도 어려운 절묘한 문장으로 이루어져 있다. 연구의 성과를 반영한 것이니, 전체적으로는 맞겠지만 구체적으로는 꼭 그렇다고 단언하기 어려운 추측인 셈이다. 같은 상황이 반복되니 점점 기대하지도 놀라지도 않게 되었다. 쓰네노가 그랬을 수도 있고 아닐 수도 있지만, 대부분 확인하기 어려웠다. 아니, 많은 부분에서 실제 쓰네노와 관련이 있는지는 고려의 대상이 아니었고, 근세 일본에 관해 이미 알려진 사실을 적절한 지점에 저자의 현란한 문장으로 다시 적은 변주이기 쉬웠다. 책을 읽는 내내 영화 〈포레스트 검프〉가 생각났는데, 그 영화의 주인공은 그나마 각각의 역사적 현장에 함께 서 있기는 했다.

피해자 진술을 대하는 역사학자의 고민: #미투

그렇다고 해서 쓰네노의 생애가 오로지 근세 일본을 들여다보기 위한 매개로만 이용된 것은 결코 아니다. 저자는 쓰네노라는 한 여성의 삶을 진지하고 사려 깊게 소개하면서, 그러한 근세 일본에 관한 풍성한 지식과 정보도 함께 전달해 주고 있을 뿐이다. 여기에서 굳이 '사려 깊게'라는 표현을 쓴 것에는 이유가 있는데, 저자 자신이 이 책의 집필 과정에서 겪은 인식의 변화를 소개*하는 것으로 그 설명을 대신하려 한다.

약 10여 년 전 처음 쓰네노의 사연을 접한 이 책의 저자는, 에도로 가는 길에 동행했던 지칸과의 사이에 있었던 일에 대한 그녀의 설명이 점차 바뀌고 있음을 인지했다. 처음 가족에게 보낸 편지

---

* Amy Stanley, "Writing the History of Sexual Assault in the Age of #MeToo", *Perspectives on History*, September 24, 2018.(https://www.historians.org/research-and-publications/perspectives-on-history/november-2018/writing-the-history-of-sexual-assault-in-the-age-of-metoo)

에는 지칸에 대해 에도로 향하는 과정을 도와준 좋은 친구라고 썼다. 나중에 삼촌을 만나서는 그가 도중에 태도를 바꾸어 동침하도록 압박했고 여정 중이라 따를 수밖에 없었지만, 그래도 나쁜 사람은 아니라는 식으로 말을 흐렸다. 한참이 지나서는 지칸이 처음부터 불순한 의도를 가지고 자신에게 친절을 베풀었고 아내로 삼으려는 계략을 꾸몄던 것이라고도 했는데, 그때는 이미 지칸이 그녀를 떠난 지 오랜 시간이 지난 후였다.

　저자는 자주 바뀌는 쓰네노의 진술을 보며 처음에는 지칸이 정말로 그녀를 강간했는지 의심했다고 고백한다. 인터뷰이에게 자신을 정당화하기 위해 거짓말을 할 이유가 있다고 여겨질 때, 그래서 진술의 내용이 바뀔 때, 진위를 의심하는 것은 훈련받은 역사학자로서 자연스러운 반응이기도 했다. 그러나 저자는 점차 그녀(를 비롯한 여성 희생자들)의 일관되지 않은 진술을 강요하는 어떤 원인에 대해 고민하게 되었고, 공교롭게도 같은 즈음인 2017년 '#미투'를 목격하게 되었다. 혼란과 자책으로 자신의 피해를 제대로 진술하지 못했던 여성들의 뒤늦은 고백과 고발에 수많은 '#미투'가 달리는 것을 경이롭게 지켜보고, "여성을 믿어 주세요"라는 게시물에 함께 '좋아요'를 누르던 저자는 문득 자문하게 된다. "나는 왜 그녀를 믿지 않았지?" 저자는 쓰네노와 지칸의 관계에 관해 다시 쓰기로 했다.

　19세기의 사료를 읽고 분석하는 역사학자이자 한편으로 21세기 '#미투'의 지지자로서, 이 책의 저자가 지칸과의 사이에 있었던 일에 대한 쓰네노의 진술을 어떻게 전하기로 했을까? 쉽게 짐작할 수 있듯, 저자는 '#미투'를 지지하는 입장에 서서 쓰네노의 오락가락하는 진술 사이에서 진실로 연결되는 단서를 찾아내기 위해, 일관성 있는 그녀의 서사를 완성하기 위해 부심한다. 그런데 그러한 시도가 결코 과하게도 이질적으로도 느껴지지 않는 것은, 분명 역사를 다루는 책임에도 불구하고 내용 전반에 걸쳐 사실 위주의 담백한 서술에 그치지 않고 저자의 독자적인 해석과 상상력을 적절히 구사해 온 탓이다. 덕택에 쓰네노의 불완전한 진술을 단서로 그녀가 겪었을 상황과 그녀가 느꼈을 심경을 적극적으로 그려 내는 것도 자연스러워졌고, 그로 인해 독자도 쓰네노의 그리고 또 다른 '쓰네노들'의 탄원에 귀를 기울일 수 있게 되었다. 저자는 역사학자로서 선을 넘지 않는 선에서 페미니스트로서의 역할에도 진심이었던 셈이다. 그 결과물(104-106쪽)은 여기에 적는 것보다 책에서 직접 확인하도록 권하는 게 예의일 것 같다. 지면의 한계 때문이기도 하지만, 기왕이면 모두가 책장을 넘기며 같은 고민을 했으면 하는 바람 때문이다. **서리북**

이은경

서울대학교 일본연구소 부교수. 주로 근대 일본의 역사를 여성 인물과 운동을 중심으로 연구해 왔고, 대중적 글쓰기에도 관심이 있다. 저서로는 『근대 일본 여성 분투기』, 공저로 『젠더와 일본 사회』, 『난감한 이웃 일본을 이해하는 여섯 가지 시선』 등이 있다.

📖 번역자의 말을 빌리자면, 이 책은 지금의 일본을 만든 문화적 토대에 대한 친절한 안내서이다. 메이지 유신 전후를 단절적으로 파악하면서 에도 시대에 박한 평가를 하는 관점에 이의를 제기하고, 서구와 전통이라는 이분법에 대해서도 지나친 자국 중심주의에 대해서도 경계하며 균형을 유지하려 한다. 그러한 저자의 노력조차 누군가에겐 '일본적'이라 느껴질지도 모르겠다.

"일본 근세의 문화는 결코 왕후 귀족의 주도·보호에 의하지 않았고, 단순히 도시의 호상의 문화도 아니었다. 서민층의 저변 확산을 무시하고는 올바르게 이해할 수 없다. (……) '화혼양재'는 하루아침에 나온 것이 아니다."—책 속에서

『에도시대를 생각한다』
쓰지 다쓰야 지음
김선희 옮김
빈서재, 2023

📖 메이지 시대 직전의 정치적·지적 동요를 관심의 출발점으로 삼은 저자가 그 기원을 찾아 1600년 막부 성립까지 거슬러 서술했기 때문인지, 근세 전반을 다루는 개설서임에도 근현대로 이어지는 과정까지 팽팽한 긴장감을 잃지 않는다. 시선이 다소 전형적이지만, 그에 대한 경계 때문에 더욱 긴장감을 놓을 수 없게 된다.

"역사가는 일본의 근세를 관통하는 역사 여행의 지침이 되어 줄 용어를 필요로 한다. 이때 요구되는 것은 여행 중에 보이는 풍경들은 점진적이면서 지속적인 변화의 과정에 있다는 깨달음이다. 용어의 요점은 시간이 지나면서 변하게 마련이고, 용어는 어디까지나 분석에 도움이 되도록 만들어져야지, 분석을 왜곡해서는 안 된다."—책 속에서

『현대 일본을 찾아서 1, 2』
마리우스 B. 잰슨 지음
김우영·강인황·허형주·이정
옮김
이산, 2006

태권V와 명랑소녀 국민 만들기

이선옥 지음

1960-70년대 과학주의담론과 젠더의 정치학

책과 함께

『태권V와 명랑소녀 국민 만들기』
이선옥 지음
책과함께, 2022

박정희 시기 과학기술문화에 새겨진 젠더 질서 읽기

현재환

잡지로 들여다본 과학주의 담론

박정희 정권기의 과학기술 정책은 오늘날 과학에 대한 정부, 과학계, 대중의 인식이 과학주의와 민족주의에 매몰되어 있음을 비판할 때마다 소환된다. 예를 들어 2005-2006년의 황우석 줄기세포 논문 조작 사건 당시 시민과학센터 김환석 소장은 "(황우석 사태의) 뿌리는 성장주의, 애국주의, 과학만능주의, 결과 지상주의 등 '박정희 패러다임'에 있다"고 논평했다.* 과학기술학 연구자들은 이후 이 같은 박정희 패러다임론을 한국 근현대 과학기술사에 대한 검토를 통해 예리하게 다듬었다. 예를 들어 김상현은 박정희 정권기에 발전 민족주의를 이루는 중핵으로 과학기술이 자리 잡아가는 과정을 살폈다. 구한말부터 식민지 시기 동안 조선인 엘리트들은 과학기술을 부국강병 실현의 도구이자 힘으로 인식했다. 해방 이후인 1950년대에는 이승만 정부의 상대적인 무관심에도 불

---

* 정은경, 「"황우석 사태는 박정희 패러다임의 산물"」, 《미디어오늘》, 2006년 1월 18일자.(http://www.mediatoday.co.kr/news/articleView.html?idxno=43418)

구하고 미국의 기술 원조 및 근대화 이론과 발전경제학 이론이 확산되는 가운데 기술 진보와 산업화를 국가 발전의 척도로 보는 발전주의가 남한 지식인 사회에서 자리 잡았다. 1960년대 박정희 정권은 '조국 근대화'로 명명된 발전 민족주의 산업화 전략의 핵심에 과학기술을 위치시키고 과학기술을 산업화 중심 국가 발전의 수단이자 자원, 그리고 민족됨의 지표로 만들었다. 발전주의를 수용한 남한 지식인 사회 역시 박정희 정권에 대한 정치적 저항과 무관하게 박정희 정권의 발전 민족주의적 인식을 공유했다.*

이선옥의 『태권V와 명랑소녀 국민 만들기』는 위와 같은 과학기술학과 한국 근현대 과학기술사의 역사적 배경을 서술하며 1960-1970년대에 출간된 다양한 성격의 잡지들에서 박정희 시기의 과학주의 담론을 젠더 문제에 집중하여 읽어 낸다. 바꿔 말하자면 이 책은 박정희 정권의 주도로 국민의 생산성을 높이려는 산업화 프로젝트가 전개되는 가운데 민족주의와 과학주의가 결합하는 양상을 기술 민족주의로 정의하고, 이런 기술 민족주의의 만연 속에서 과학주의 담론이 젠더로 양분화된 국민 만들기 작업에 어떻게 연루되는지를 분석하고 있다. 이를 위해 시사 잡지 《사상계》, 청소년 잡지 《학원》과 《여학생》, 여성 잡지인 《여원》에서 과학이 어떻게 표상되며 어떠한 종류의 과학이 선망의 대상으로 부상하는지, 그리고 이 같은 과학 표상을 통해 구축하려는 젠더 질서가 무엇인지를 읽어 내려고 시도한다.

《사상계》에서 저자는 남한의 남성 지식인들이 기술 민족주의에 몰입하면서 여성 문제에 무관심한 모습을 보이는 것을 확인한

---

* 김상현, 「박정희 정권 시기 저항 세력의 사회기술적 상상」, 《역사비평》 120, 2017, 316-346쪽.

박정희 전 대통령이 천호대교 준공식에 참석하여 시찰하는 모습.(출처: 위키피디아)

다.(3장)《학원》과《여학생》을 다루면서는 소년들의 경우 로봇과
인조 인간 같은 강철 신체에 대한 선망이, 소녀의 경우 감정적이고
불완전한 신체를 과학적인 지식을 통해 관리해야 하는 존재라는
인식이 과학주의 담론을 통해 만들어짐을 보인다.(4, 5장) 저자에
따르면, 이는 두 청소년 잡지에서 나타나는 과학주의가 산업화 프
로젝트가 요구하는 산업 역군으로서의 기계적 남성성을 형성하는
작업과 연동되어 있었음을 의미한다. 마지막으로 저자는《여원》
에서 테일러리즘이 생활 표준화의 이름으로 일상생활에 침투하는
양상과 과학화된 삶의 전형으로서 소개되는 서구 여성들에 대한

선망, 그리고 이 모든 논의들 속에서 한국 여성이 스스로를 감정적이고 비합리적인 존재로 자기 정체성을 구성하게 만드는 효과를 살핀다.(6장)

　이런 분석을 바탕으로 저자는 박정희 시기의 과학문화가 "근대화와 산업전사를 맡는 남성"(77쪽)이 되기 위한, 태권V로 상징되는 기계적 남성성을 선망하는 소년과 "급변하는 개발의 불안에서 우리 민족을 지켜줄 정신으로서의 모성(신사임당)"(77쪽)이 되기 위한, 명랑소녀로 상징되는 감정적 여성성을 갈구하는 소녀를 만들어 냈다고 주장한다. 저자는 이 같은 관찰이 현대 한국 사회의 주요 사회 문제들, 예를 들어 여성 혐오 문제를 이해하는 데 새로운 실마리를 제공한다고 믿는다. 기계적 남성성을 통일·유지하기 위한 기제였던 박정희 시기의 기술 민족주의는 감정을 비롯한 인간적 취약함을 모두 여성적인 것으로 간주하고 이를 혐오스러운 것으로 낙인찍었는데, 오늘날 현대 사회에서 남성성의 위기가 도래하면서 기계적 남성성을 유지하기 위한 기제로 여성 혐오가 폭발적으로 늘어나고 있다는 것이다.(7장)

반가운 학제간 대화, 그러나

한국 근현대 과학기술사를 업으로 삼은 나에게 한국 근현대 문학 전공자가 저술한 『태권V와 명랑소녀 국민 만들기』는 여러모로 반가운 책이다. 내 짧은 식견으로는 최근 과학과 SF를 키워드로 삼아 한국 문학을 분석하는 논문과 저서가 늘어나고 있음에도 이 책만큼 한국 과학기술학의 연구 성과를 상세히 언급하고, 대화하려 시도한 경우는 없어 보인다. 또 1970년대 초 '전 국민의 과학화 운동'을 비롯한 박정희 정권기의 과학기술문화에 관한 연구들이 그간 정책과 제도 분석에 치중해 온 것과 달리, 실제 당시 문화적 장

《학원》 1962년 3월호.
(출처: 『태권V와 명랑소녀 국민 만들기』, 2쪽, 책과함께 제공)

에서 과학기술이 어떻게 논의되고 인식되었는지를 분석했다는 점
이 반갑다. 여기에 더해 그간 과학기술사 연구자들이 비교적 등한
시해 온 젠더 문제를 전면으로 들고 오고, 이에 대한 분석의 필요
성을 드러내 준다는 점에서 과학기술사적으로도 의미 있는 저작
이다.

　이 책을 읽는 도중에 내 연구와 관련해 크게 눈이 뜨이는 일도
있었다. 내가 지난 몇 년간 연구해 온 유전학자 강영선(당시 서울대 동
물학과 교수, 1917-1999)이 《여학생》에서 "앞서 성관계를 한 남자의
유전적 특징이 남아 다음 아이에게 유전될 수 있다"(156쪽)는 선부
유전론(先父遺傳論)을 소개하면서 순결의 중요성을 강조했다는 것
이다. 이런 남성 젠더 이데올로그로서 강영선의 활동은 과학기술
사의 전통적인 사료들에서는 전혀 보이지 않았던 것으로, 과학기
술문화를 읽어 낼 새로운 사료로서 대중 잡지 분석의 필요성을 진

지하게 고민하게 되었다.

　다른 한편으로 책을 읽는 동안 느낀 불편함도 고백해야 할 것 같다. 사실 학제간 대화는 다른 관점과 관심사, 개념, 방법론 때문에 위와 같은 새로운 통찰을 불러일으키는 데 기여하지만, 동시에 커다란 긴장을 낳는 경우도 있다. 머리말에서 저자가 후속 프로젝트로 '위기 담론으로서의 과학주의'를 살펴볼 계획이라고 언급하는 것을 보면,(15쪽) 필자가 속한 분야의 연구들과 저자 사이의 대화는 앞으로도 계속 이어질 듯하다. 긴장이 발생할 수 있는 지점들을 분명하게 짚는 일이 미래의 학제간 대화를 더욱 생산적으로 만들 것이라는 생각에 독서 중에 들었던 불편한 느낌들을 거칠게라도 설명해 보겠다.

보다 면밀한 역사적 접근이 필요하다

과학의 역사를 공부하는 내가 느끼는 불편함은 이 책이 1960-1970년대라는 시대에 초점을 맞춘 역사적 연구라고 선언하면서도, 책에서 제시되는 사례 분석이나 개념들을 다루는 방식이 종종 역사적이지 않은 데서 비롯된다. 먼저 저자는 앞선 정부 시기(이승만 정부: 1948. 8-1960. 4, 장면 내각: 1960. 8-1961. 5) 동안 생산된 텍스트들을 박정희 시대의 징후를 읽는 자료로 활용하는 데 문제를 느끼지 않는 것처럼 보인다. 예를 들어 《사상계》를 분석하는 3장은 장준하의 1955년 4월호 권두언, 1959년 3월호 권두언, 그리고 1958년 1회 과학진흥강연회 특집호를 (저자의 표현을 빌리자면) "근대화 프로젝트의 핵심 요소"(57쪽)인 기술 민족주의가 잘 드러나는 사례로 소개한다. 《여원》을 다루는 6장의 경우 1960년 6월호와 1961년 1월호 특집을 박정희 시기의 생활 표준화라는 규율 담론의 생산과 전파를 볼 수 있는 주요한 자료로 살

(왼쪽)《여학생》1968년 9월호.(출처: 『태권V와 명랑소녀 국민 만들기』, 1쪽, 책과함께 제공)
(오른쪽)《여학생》1978년 9월호.(출처: 『태권V와 명랑소녀 국민 만들기』, 6쪽, 책과함께 제공)

핀다. 이러한 자료 생산 시기에 대한 무관심은 박정희 정권기인 1965년에 창간된 잡지《여학생》에 관한 장을 제외한 모든 장에서 수차례 나타난다. 사례들의 역사적 연결과 관련해서도 갸우뚱한 부분이 여럿 있는데, 예를 들자면《학원》을 자료로 삼는 4장에서 저자는 1961년 8월호 특집의 내용을 1960년대 중후반이 되어서야 본격화된 박정희 정권의 과학기술 정책이 청소년 교육에 반영된 사례로 소개한다.(95쪽)

　　느슨하고 역사화되지 않은 개념 이용 또한 나를 불편하게 만드는 지점이다. 저자는 머리말에서 과학주의를 "객관적 지식으로서의 과학이 아니라 과학적 담론이 모든 것을 설명할 수 있다고 믿는 과학만능주의, 마술적 조력자로서의 이념적 도구"(9쪽)라고 정의하지만, 5장에서는 과학주의의 활용과 "과학적 지식의 전파"(139쪽)를 동일한 것으로 설명한다. 4장에서《학원》의 과학주의 담론을 평가하면서 저자는 "과학이 객관적 진리가 아니라 문화적 담론 투쟁의 장"(89-90쪽)임을 강조하는데, 이는 과학주의가 "객관적 지식으로서의 과학이 아니라"(9쪽)는 머리말의 정의와 뒤얽혀 저자가 의도하는 바를 파악하기 어렵게 한다.

한편, 장마다 각 잡지의 '과학주의'와 '과학화'가 수차례 언급되지만, 이런 용어들을 통해 각각의 문맥에서 어떠한 종류의 과학이 서로 다르게 상상되는지는 분석되지 않는다. 1955년 4월《사상계》창간호의 권두언에서 장준하가 "현대화라는 것은 과학화를 의미하는 것"이라며, "우리 민족의 역사와 우리 민족의 문화가 과학적으로 분석되고 정리되고 체계화되어 이것이 우리 민족의 현대화의 거점이 되어야" 한다고 밝히는 부분을 두고 저자는 장준하가 "과학화를 민족 부흥의 방법으로 선언"했으며 "이러한 과학주의에 대한 관심"이 이어진다고 말한다.(57쪽) 또 1970년 3월호《여원》을 분석하면서 이 잡지의 "담론적 특징은 주부 담론을 중심으로 (……) '일상생활'의 전 영역에 걸쳐" 있으며, "이들을 아우르는 중심 개념이 '교양'과 '과학화'"였다고 설명한다.(213-214쪽) "교양은 현대적 여성이 갖추어야 할 가장 중요한 소양이고, 그러한 교양을 생활에서 실천하는 방법이 과학화"였다는 것이다.(214쪽)

그런데 이 둘의 과학화 논의가 과학에 대한 동일한 의미를 담고 있었다고 볼 수 있을까? 이에 더해 이 책에서 과학주의와 민족주의의 결합을 기술 민족주의로 명명하고, 과학주의 담론을 과학기술 담론과 등치시키며, 기술결정론을 논의하며 과학과 기술을 동일한 것으로 다루는 데서 드러나는 것처럼,(27-28쪽) 저자는 과학과 기술 간의 차이나 과학기술이라는 용어의 역사적 성격을 고찰하지 않는다.

사실 과학기술은 유럽이나 북미에서는 널리 사용되지 않는

《사상계》 1961년 4월호.
(출처: 『태권V와 명랑소녀 국민 만들기』, 51쪽, 책과함께 제공)

꽤 특수한 용어로, 일본에서 총력전 시기 동안 전쟁 수행에 요구되
는 전략 기술들의 중요성을 강조하는 과정에서 등장했다. 한국 근
현대 과학사학자들은, 해방 이후 한국에서도 비슷한 의미로 이 총
력전 시기의 표현이 활용되다 박정희 정권이 이 용어를 다양한 목
적으로 광범하게 사용하며 국내에 정착시켰음을 지적해 왔다.*
과학기술이란 용어를 주어진 것으로 사용하기보다는 역사성을 가
진 분석 대상으로 삼고, 잡지들에서 드러나는 대중문화 영역에서

---

* 김근배, 『한국 과학기술혁명의 구조』(들녘, 2016); 문만용, 「박정희 시대 담화문을 통
해 본 과학기술정책의 전개」, 《한국과학사학회지》 34(1), 2012, 75-108쪽. 이처럼 박
정희 정권기에 '위로부터' 과학기술 개념이 주어지고 확산되었다는 시각과 달리 해
방 이후 과학기술의 용례가 일제강점기 조선인 발명가들의 '아래로부터의' 기술 개념
이 반영된 결과라고 보는 대안적인 해석으로는 Jung Lee, "Invention without Science:
"Korean Edisons" and the Changing Understanding of Technology in Colonial Korea",
Technology and Culture 54(4), 2013, pp.782-814 참고.

《여원》 1960년 1월호.
(출처: 『태권V와 명랑소녀 국민 만들기』, 233쪽, 책과함께 제공)

과학의 의미가 어떻게 만들어져 왔는지, 그리고 이런 대중문화 영역에서 논의되는 과학기술이 박정희 정부가 몰아붙이던 과학기술 개념과 어긋나는 지점을 보이지는 않았는지 등을 검토했다면 더 좋았을 것 같다.

마지막으로 몇몇 설명들이 한국 과학사의 기본적인 역사적 전개와 부합하지 않는다는 사실 또한 아쉽다. 예를 들어 2장에서 식민지 시기 과학주의의 사례로 소개하는 식민지 우생학의 서사는 2000년대 이래 축적된 한국 우생학의 역사에 관한 연구들과 상당히 괴리되어 있다.* 저자는 먼저 니토베 이나조의 식민 개념을 가져와 "빈민, 실업자, 불량아, 게으름뱅이까지 정신병적 경향

---

* 식민지기 우생학을 포함한 최근 한국 우생학 연구사를 확인하기 위해 다음의 글을 참고할 수 있겠다. 박지영·현재환, 「한국 우생학의 역사와 오늘」,《사회와 역사》 136, 2022, 7-10쪽.

으로 분류되는 기준에 따르면 일본인에 비해 식민지 조선인이 열등한 인종으로, 조선인에 비해서는 몽골인이 도태되어야 할 열등한 인종으로 분류될 수 밖에 없"게 된다고 전제한다.(35쪽) 그리고 1940년대에 출간된 친일 문학들을 간략히 분석하며 이 작품들에 "우생학의 논리에 담긴 제국주의적 인종차별의 논리가 (……) 합리화되고" 있었다고 말한다.(36쪽) 그리고 곧장 "전쟁기에 접어들면서 조선에서도 우생학과 출산 장려 담론이 급증하게 된다"고 분석하며 (37쪽) "식민지 시기의 우생학은 (……) 출산과 유전형질의 개선을 통한 건강한 국민 재생산을 위한 것"이었지만, "그 내적 논리"는 "식민지인들이 열등한 유전형질이 되는 식민 지배의 논리"였다고 설명한다.(38-39쪽)

이런 서사를 구축하는 가운데 등장하는 저자의 과학사적 설명들은 다소 적절하지 않다. 예를 들어 "일본의 우생학은 다윈의 자연선택설 대신 갈톤(골턴)의 인위선택설을 중시"(38쪽)했다는 설명은 우생학의 창시자가 프랜시스 골턴이라는 사실을 알고 있는 사람들에게는 이상하게 들릴 것이다. 그러나 이런 사소한 역사적 오류들 외에, 무엇보다도 조선인 남성 지식인의 주도로 이루어진 조선 민족의 우생 운동과 일본 제국주의 지식인들의 과학적 인종주의, 그리고 조선 총독부가 추진하는 우생 대책이 구별 없이 혼재되어 있는 것이 큰 문제일 것이다. 그 결과 당시 우생학의 이름으로 벌어진 다종다양한 주장들과 논리들, 그리고 이것이 조선인의 민족 정체성과 젠더 문제에 함의하는 바 등이 전혀 보이지 않기 때문이다. 다른 장들에서도 한국 과학사의 기본적인 역사적 전개와 부합하지 않는 내용들이 여럿 발견된다. 예를 들어 한국에 "서구적 생물학이 전파"되는 시기를 "1960년대"로 서술하는 부분이다.(42쪽) 서구적 생물학의 정의를 무엇으로 잡느냐에 따라 다르겠지만 박물학(natural history)에 관한 지식들은 구한말부터 수입되고 있었으며, 일제강점기에 조선인들이 가장 활발하게 활동한 과학 분야가 바로 박물학이었다. 또 학제로 이야기하더라도 이미 1946년에 서울대학교 문리과대학에 생물학과가 설치되었다.

학제간 대화가 계속되길 바라며

아쉬운 바를 길게 늘어놓았지만, 이는 앞서 언급한 것처럼 더 진솔한 학제간 대화를 이어 나가기 위한 발판이 되기를 바라는 마음에서 적은 것들이다. 『태권V와 명랑소녀 국민 만들기』는 박정희 시기 과학기술문화에 새겨진 젠더 질서를 솜씨 좋게 독해해 내는 유의미한, 그리고 현재로서는 유일한 저작이다. 내가 속한 과학기술학이라는 작은 분야의 연구자들뿐만 아니라 박정희 시기의 과학기술문화나 한국의 과학주의, 더불어 젠더 정치의 역사와 현재에 대해 관심 있는 독자들에게 일독을 권한다. 서리북

현재환
부산대학교 교양교육원 조교수. 한양대학교에서 역사학, 철학, 과학기술학을 전공한 후 서울대학교 과학학과에서 한국 유전학의 발전과 민족 정체성의 정치의 역사를 주제로 박사학위를 받았다. 저서로는 『마스크 파노라마』(공저) 등이, 역서로는 『유전의 문화사』가 있으며, 한국의 인종 과학의 역사에 관한 단행본과 한국 우생학의 역사에 관한 공편서를 출판 준비 중이다.

📖 과학기술사 연구자들이 박정희 시기 과학기술 정책, 과학 담론, 그 유산을 분석한 저서로, 본 서평에서 소개한 과학기술사 연구들이 다수 포함되어 있다. 특히 농촌의 과학화 등과 같은 박정희 시기의 '과학화' 담론에서 과학의 의미를 역사적으로 추적한 김태호의 글은 이 책과 함께 비교하며 읽어 볼 만하다.

"'과학'이라는 커다란 우산 아래 무엇이 들어가는지는 시대 상황에 따라 달라지고, 그것이야말로 당대의 대중이 과학에 대해 어떻게 인식하고 무엇을 기대했는지를 보여 준다."
—책 속에서

『'과학대통령 박정희' 신화를 넘어』
김근배 외 지음
김태호 엮음
역사비평사, 2018

📖 한국 근현대사를 연구하는 역사학자, 사회학자, 대중문화 연구자들이 박정희 시기를 독재 대 저항으로 이분화할 수 없는 사회의 다양한 모습들을 생활 문화의 영역에 집중하여 드러내는 저서로, 1970년대 '유신 시대 학교와 학생의 일상사'와 '산업전사에서 민주투사까지, 도시로 간 여공의 삶'과 같은 장들은(더불어, 1960년대 편의 '지식인과 잡지 문화'와 '병영 사회와 군사주의 문화' 장도) 이 책에서 분석하는 잡지들을 둘러싼 사회문화적 맥락을 이해하는 데 유용한 길잡이가 될 것이다.

"잘살기 위한 발전주의는 곧 근대 자본주의 정신을 체화하는 것으로 설명되었는데, 산업화와 과학화가 핵심 내용이었다."—책 속에서

『한국현대 생활문화사: 1970년대』
오제연 외 지음
김성보·김종엽·이혜령·허은·홍석률 기획
창비, 2016

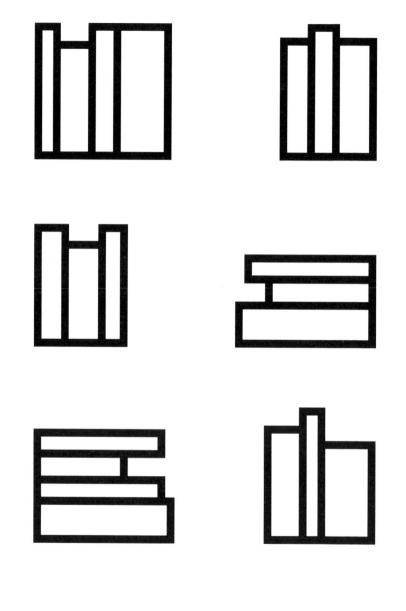

서울
리뷰 오브
북스

이 글은 한국고등교육재단에서 운영하는 팟캐스트 〈리뷰의 발견〉(2023년 5월 19일과 26일 방송)에서 진행된 대담 내용을 정리한 것이다. 방송은 다음에서 들을 수 있다. https://audioclip.naver.com/channels/7188

〈리뷰의 발견〉 녹음 현장. 왼쪽부터 김두얼, 이우창, 정인관.(출처: 한국고등교육재단 제공).

대학원이란 무엇이어야 하는가

─────── **책과 서평, 이어지는 대화**

정인관 안녕하세요, 저는 사회를 맡은 숭실대 정보사회학과의 정
인관입니다. 이 자리에서는 『한국에서 박사하기』의 저자
중 한 분인, 이우창 선생님을 모시고 이야기 나눠 보겠습
니다. 그리고 이 책에 대한 서평을 《서울리뷰오브북스》*
에 써주신 김두얼 교수님도 함께 모셨습니다.
먼저 김두얼 교수님이 서평을 통해 책의 근본적인 문제의
식에 대해 질문하셨고, 이우창 선생님도 소셜미디어를 통
해서 답변해 줬습니다. 두 분을 모시고 더 많은 이야기를 나
눠 보겠습니다. 먼저 이우창 선생님, 책에 대한 간단한 소개
를 부탁드립니다. 《교수신문》에서 대학원생들이 대담을
했던 것을 바탕으로 이 책이 만들어졌다고 들었습니다.

───────────

* 김두얼, 「한국이라는 울타리를 넘어설 수 있기를」, 《서울리뷰오브북스》 9, 118-129쪽.

이우창 《교수신문》좌담도 있었지만, 이 책을 준비하게 된 배경을 먼저 이야기하고 싶습니다. 크게 두 가지가 있습니다. 하나는 최근 몇 년 동안 대학원 입학생 수가 감소하는 것을 비롯하여, 한국의 인문사회 대학원이 전반적으로 위기라는 담론이 강하게 제기된 상황이 있습니다. 이에 우리가 어떻게 응답할 것인가라는 문제의식이 있었습니다.

두 번째는——저자들의 공통적인 배경인——대학원생 인권 개선 활동, 그리고 그와 관련된 제도 개선 활동에 참여해 온 경험입니다. 대학원생의 삶이 힘들다는 이야기는 전에도 많았지만 인권이나 제도적 개선에 관한 문제 제기는 상대적으로 많지 않았죠. 지난 몇 년간 대학원생 활동가들의 노력으로 이 문제가 수면 위로 떠올랐다고 생각합니다. 그런데 지금까지의 활동을 돌아보니, 피해를 복원하고 문제들에 조치를 취하는 노력도 필요하지만 그에 못지 않게 대학원에서 살아가고 성장하는 사람들의 삶을 구성하는 제도적 환경을 들여다보고, 그것을 어떻게 바꿔 갈지 고민할 필요가 있다는 생각이 들었습니다. 대학원생과 신진 연구자들이 속해 있는 삶의 환경에 대해 질문해야 한다는 것이죠. 이런 문제의식과 경험을 공유한 저자들이 함께 뜻을 모은 결과물이 이 책이라 할 수 있겠습니다.

——— 대학원이란 무엇인가

정인관 네, 감사합니다. 그리고 김두얼 교수님, 서평에서 상세하게 써주셨습니다만 책에 대한 총평을 나눠 주시면 감사하겠습니다.

김두얼　우선 저는 이 책을 서평하는 것이 굉장히 부담스러웠습니다. 본전을 찾기가 어려운 일이거든요. (일동 웃음) 그렇지만 서평을 쓸 가치가 있는 책이냐 아니냐가 중요하지, 제가 부담스러워하는지는 중요한 문제가 아니기 때문에 일단 서평을 쓰기로 결정했습니다. 그다음에는 어떻게 쓸 것인지를 고민했습니다. 그리고 '그냥 책이라고 보자'고 마음먹었습니다. 신진 학자들에 대한 나의 책임감이나 부채 의식에 얽매이지 말고, 책 자체에 대해서만 생각해 보자고요.

그러고 나니, 크게 두 가지 부분에 초점이 맞추어졌습니다. 첫 번째는 저자들이 대학원생들의 인권과 처우를 개선하는 활동을 하며 문제를 제기하고 개선 방안을 논의한 부분입니다. 이에 대해서는 훌륭한 일을 했다는 것 말고는 더할 말이 없습니다. 과거에 비해서는 좋아졌지만 여전히 대학원생들의 처우는 개선되어야 한다는 데 저도 동의합니다. 두 번째는, 과연 '대학원은 무엇이어야 하는가'라는 질문에 관한 근본적인 의문입니다. 저자들은 저와는 다른 각도에서 똑같이 학계는 어떻게 구성되어야 하고, 그 속에서 대학원은 무엇이어야 하는지 질문했습니다.

제가 생각하는 우리나라 대학원의 가장 근본적인 문제는 최고가 되려는 의지가 없다는 점입니다. 최고가 되려는 의지는 단순히 한국에서의 최고가 아니라 세계의 지적인 장(場)에서의 경쟁력 문제를 뜻합니다. 다시 말해서 저자들이 속해 있는, 소위 메이저 대학이라는 서울대, 연세대, 고려대, 카이스트 같은 학교들이라면 당연히 그 졸업생들과 박사학위자들은 세계의 지식 시장에서 인정받을 수 있어야 합니다. 또, 그것을 지향해야 합니다. 대학원들, 그중에서도 최고의 학교들이라면 세계 시장에 나갈 수 있는 수준의 박사, 연구자를 배출하는 것으로 자신의 존재 이유를 설명해야 합니다. 하지만 안타깝게도 저는 이 책에서 그런 문제의식을 발견하지 못했습니다.

반대로 이 책에서는 로컬에 대해서 이야기하자는 의식이 더 강하게 나타나는데, 저는 다소 이해하기 어려웠습니다. 당연히 로컬에 대해서도 연구해야지요. 그러나 중요한 것은 대상이 아니라 연구의 수준입니다. 전 세계의 지식 생태계 속에서 우리나라가 어디에 위치해 있는지 다뤄주길 기대했는데, 저는 이 점이 다소 아쉬웠습니다.

——— 지도교수에 의존하지 않는 커리큘럼

정인관   서평을 잘 정리해서 말씀해 주셨습니다. 서평의 내용을 조금 부연하면, 김두얼 교수님은 저자들의 현실 인식에는 대체로 동의하나 대안에는 동의하기 어렵다고 써주셨습니다. 대표적인 것이 세미나 문화의 부활, 지도교수에 의존하지 않는 교육 커리큘럼, 외국 사례 등인데 이에 대해 다소 낭만적으로 접근하고 있다고 지적해 주셨습니다.

한편 서평에서 가장 중요한 쟁점은 학문을 하는 것에 대한 저자들의 생각이 일국적인 차원에 갇혀 있다는 문제 제기였습니다. 덧붙여 '한국 대 외국'이라는 이분법을 뛰어넘어 세계를 향해야 한다고 말씀하셨습니다.

이에 대해 이우창 선생님은 세미나 문화를 1980-1990년대로의 회귀로 인식하는 것에 동의하기 어려우며, 이것은 연결을 위한 시도라고 말씀하셨습니다. 지도교수에 의존하지 않는 커리큘럼도 단순히 지도교수를 배제하는 것이 아니라, 한국의 학계·학교가 교수들이 학생 지도에 온전히 집중하기 어려운 환경이기 때문에 필요하다고 이야기했습니다. 아울러 세계적인 학자에 대한 지향과 관련해서도 한국의 몇몇 인문사회과학자들이 세계적인 성공을 거두었지만 그것이 한국 인문사회 학술장의 생존과 발전을 촉진하지는 못했다고 지적해 주었습니다. 그래서 이러한 상황들을 극복하기 위해서 한국 인문사회 학술장이 당면한 문제에 대한 질문이 선행될 필요가 있고, 그러한 질문을 던지는 것이 『한국에서 박사하기』의 목적이었다고 이야기하셨습니다.

이를 바탕으로 계속 이야기 나눠 보겠습니다. 먼저 대안과 관련해서 이야기해 보겠습니다. 저는 지도교수에 의존하지 않는 교육 커리큘럼이 특히 인상적이었습니다. 한국에서 교수는 가르치고 연구하는 것뿐 아니라 행정 업무도 과도하게 많이 하고 있죠. 그러다 보니 실제로 지도교수와 자주 보지 못하는 학생들도 많고, 이러한 현실에 대해 회의를 느끼는 사람들도 있습니다. 물론 많은 분들이 열심히 학생들을 지도하려 노력하고 있지만, 환경 자체가 만만치 않습니다. 그렇다면 지도교수에게 의존하지 않는 교육 커리큘럼과 관련해서 구체적으로 생각해 본 방안이 있는지, 이우창 선생님께 여쭙겠습니다.

이우창   일단 지도교수에 의존하지 않는 커리큘럼이 어떤 맥락에서 나오게 됐는지 짚고 싶습니다. 첫 번째는 한국의 대학원에서 교수에게 주어지는 역할이 너무 다종다양해서 현실적으로 지도교수만 바라보고 공부하는 것이 거의 불가능하다, 그렇다면 그 대안은 무엇인가라는 문제의식이었습니다.

두 번째로, 공부에 야심이 있는 학생일수록 지도교수 한 사람이 그 학생의 지적 관심사를 다 커버해 주지 못하는 경우가 많습니다. 또, 박사논문이나 그다음 단계에서 학생이 자신의 연구와 관심사를 확장하는 데 있어서 지도교수와 학과의 커뮤니티가 (폐쇄적인 한국의 학과 구조 내에서는) 부응하지 못하고 있습니다. 물론 학교가 교수진을 더 확충하고, 학과에서 커버해 줄 수 있는 영역이 넓어지면 좋겠지만, 그것이 단기간에 어렵다면 현실적으로 가능한 방안은 무엇인지 고민해 본 것이죠.

지도교수에 의존하지 않는 커리큘럼은 지도교수나 제도적 교육을 무시하고 비제도적인 방향으로 나아가자는 이야기가 아닙니다. 해당 분야에 대해 전문성을 쌓은 박사나, 해당 학과 교수는 아니지만 그 분야를 지도할 수 있는 연구자가 있다면 그들과 학생을 어떻게 연결할 것인가, 혹은 동학이나 선후배, 신진 연구자의 연구 클러스터를 어떻게 만들 것인지가 지도교수에 덜 의존하는 교육 커리큘럼이라는 아이디어의 골자입니다.

한국은 여전히 해당 학과의 자원 내에서 학생 지도를 모두 해결하자는 암묵적 합의가 있습니다. 하지만 우리 학계가 점점 글로벌화되면서 연구자들의 관심사가 다양해지고, 해외에서 공부하고 들어와 새로운 주제를 커버할 수 있는 연구자도 많아졌습니다. 문제는 이런 새롭고 다

양한 지적 자원과 한창 대학원에서 훈련받고 있는 사람
이 서로 연결되지 않고 있다는 것입니다. 이런 상황을 타
개하기 위해서라도 학계의 여러 지적 자원을 신진 연구자
육성과 학위 과정 등에 활용할 필요가 있습니다.

——— 보다 현실적인 대안을 추구하자

김두얼   저는 지금 말씀하신 것을 갖춘 학교는 전 세계 어디에도
존재하지 않는다고 생각합니다. 어떤 학교건 교수의 숫자
는 제한되어 있습니다. 그래서 학생이 대학원에 들어갔을
때, 연구 분야가 워낙 세분화되다 보니 실제로 내가 연구
하려는 것을 지도교수가 세세하게 연구하고 지도해 주지
못하는 경우가 많습니다. 그렇기 때문에 내가 연구하는
분야의 교수가 있는 학교에 찾아가 몇 개월 동안 머무르
면서 공부하는 방식을 취합니다. 박사후 연구원*이나 학
위 과정 중에 가는 식이죠.
  연구 클러스터를 만드는 노력도 굉장히 중요합니다. 그렇
지만 그게 말씀하신 문제들을 극복하는 방안이냐고 물으
면 저는 아니라고 답하겠습니다. 그보다는 우리 학생들이
자기가 연구하는 분야의 좋은 교수가 있는 학교에 갈 수
있도록 연구 재단에 재정적 지원을 해달라는 것이 훨씬
구체적이고 좋은 방안이라고 생각합니다. 그리고 이것은
이미 해외에서는 자연스럽게 이루어지고 있습니다.

---

* 박사학위를 받은 후 대학이나 연구 기관에 소속되어 전공 분야에 관한 주제를 연구
하는 계약직 연구원을 말한다.(편집자 주)

그런데 책에서 전준하 선생님이 언급하는 방법은, 지도
교수가 본인이 현재 관심을 가지고 있는 문헌만 수업에
서 다루고, 해당 학문 분야의 일반적이고 기초적인 문헌
을 포괄적으로 다루지 않는다, 그러니까 이런 것들을 두
루 커버하는 실러버스(syllabus, 강의계획서)를 만들자는 것입
니다. 저는 세계 어디에도 그런 사례가 없다고 생각하고,
성공하기도 어렵다고 봅니다. 실제로 제가 연구하는 경
제사 분야에서는 전 세계 경제사학자들이 모여서 만든
EH넷(EH.Net)이라는 웹사이트가 있습니다. 한번은 EH넷
에서 각자의 경제사 실러버스를 다 모아 보자, 그리고 그
것으로 공동의 뭔가를 생각해 보자는 사업을 제안한 적이
있습니다. 그런데 그 사업은 제대로 되지 않았습니다. 근
본적으로 더 들어가면 보편적인 커리큘럼이라는 게 과연
존재하느냐는 의문도 있습니다. 그래서 저는 그런 대안이
비현실적이라고 생각합니다. 오히려 현실적이고 실질적
인 대안은 재정 지원을 통해서 해외에 나가거나, 국내에
서라도 다른 교수들과 연구할 수 있는 기회를 만드는 것
입니다.

───── **연구자들 간의 연결이 필요하다**

이우창   김두얼 교수님이 방금 말씀하신 방법도 아주 좋습니다.
다만, 책의 맥락을 다시 돌아본다면 전준하 선생님이 속
한 학과의 특성을 고려해야 할 것 같습니다. 과학기술정
책 대학원은 굉장히 이질적인 전공자들이 모여 있는 학과
이죠. 그러다 보니 그곳에서 공부하는 많은 학생들은 자

신들의 학과는 통합된 커리큘럼이나 서로의 연구를 이해
할 수 있는 연결고리가 없어서 일단 전공 분야를 선택하
면 학과의 다른 사람들과 이야기하기조차 힘들어진다는
말을 종종 합니다. 이건 사회과학 분야들, 특히 여러 이질
적인 방법론이 공존하는 학과에서 많이 벌어지는 일인 것
같습니다.

두 번째로 김두얼 교수님의 이야기를 이어받으면, 박사후
연구원이나 교환학생 외에도 중간 정도의 강도를 가진 연
결고리를 만드는 것이 필요합니다. 사실 제가 염두에 둔
것은 영국의 옥스퍼드, 케임브리지, 런던 대학의 사례입
니다. 그곳의 연구자들은 지리적으로 인접해 있어서—
그 사람들의 표현으로는 섀도 어드바이저(shadow advisor)
라고 하는데—자기 학과에 소속돼 있지 않은 교원에게
지도받는 경우도 많고, 대학원생들 혹은 연구 관심사가
맞는 사람들끼리의 세미나도 활발합니다. 미국같이 큰 공
간적인 거리감을 갖고 있는 곳과 달리, 영국처럼 상대적
으로 좁은 공간에 연구자들이 모여 있는 곳은 학문적 교
류의 방식도 달라지는 것이죠. 실제로 한국의 중요한 특
징 중 하나는 서울을 중심으로 좁은 지역에 굉장히 많은
대학이 밀집해 있다는 것입니다. 또, 서울-부산이 멀다고
생각하지만, 글로벌한 기준에서 생각해 보면 그렇게까지
먼 거리도 아니죠. 그래서 저는 한국의 학술장에 있는 연구
자들이 학위 과정뿐 아니라 그 이후에도 서로 연결될 수 있
는 문화와 통로를 만드는 방안을 더 모색해야 한다고 생각
합니다.

─────── **세계를 향해 박사하기?**

정인관   이제 다음 이야기로 넘어가 보겠습니다. 서평과 반론에서
          가장 논쟁적이었던 부분은 김두얼 교수님의 서평 가운데
          왜 이렇게 일국적인 차원에 머무르느냐는 문제 제기, 즉
          '세계를 향해 박사하기'라는 대목이었습니다. 이에 대해 이
          우창 선생님은 그렇다면 그 원인이 무엇인지 생각해 보자고
          답변했습니다. 이와 관련해서 이야기 나눠 보겠습니다.

김두얼   제가 여기 나오면 꼭 짚고 넘어가고 싶은 게 있었습니다.
          이우창 선생님이 소셜미디어에 글을 쓰고, 지인분들이 댓
          글 다는 것을 봤습니다. 제가 서평에서 '세계적인 학자가
          되는 방향으로 갔으면 좋겠다'는 이야기를 하면서 슈퍼
          스타라는 단어를 쓴 것에 대해 여러 말이 오갔는데, 그건
          제가 쓴 단어가 아닙니다. (웃음) 사실은 이우창 선생님이
          책에서 쓴 말이어서 서평에 썼습니다. 그런데 댓글에서
          지금 시대에 슈퍼스타라는 촌스러운 말을 하는 사람이 어
          디 있냐는 겁니다. 저도 댓글을 달까 하다가 말았는데, 사
          실 이우창 선생님께서는 예전에도 비슷한 말을 했던 기억
          이 있습니다. 학계라는 곳에는 스타가 필요하다, 저도 전
          적으로 동의합니다. 스타가 있다는 것은 그 분야에 정말
          중요합니다.
          그런데 우리가 생각하는 스타는 단순히 텔레비전에 나오
          는 사람을 이야기하는 것이 아니죠. 우리가 생각하는 스
          타는 수학계의 허준이 교수님처럼 학계의 모든 사람이
          '나도 저 사람처럼 되고 싶다'고 말하는 사람이지, 단지

인지도가 높은 사람이 아닙니다. 허준이 교수님은 미국에서 교육을 받았는데, 제 이야기는 서울대, 고려대, 연세대, 카이스트 같은 한국의 대학에서 그런 연구자를 키우자는 것입니다. 그리고 사실 그것이 대학원의 존재 이유라는 것이죠. 아울러 그런 시스템을 만들기 위한 논의를 해야 합니다. 그런데 지난 30-40년을 돌아봤을 때 과연 우리나라의 대학원들이 그런 연구자를 얼마나 배출했을까 생각해 보면, 참 죄송한 말이지만 저는 떠오르는 것이 없습니다. 왜 그럴까요? 저는 여기서부터 뭔가 잘못돼 가고 있다고 생각합니다. 중요한 것은 한국에 있는 대학원을 선택했다면 그런 세계 최고가 될 수 있기 때문이라는 자신감, 나아가 그것을 뒷받침하는 시스템이 있어야 한다는 점입니다.

이우창   일단 김두얼 교수님께 심려 끼쳐 죄송합니다. 슈퍼스타라는 말로 인해 제가 훨씬 더 많은 욕을 먹고 있기 때문에, 저를 보며 위안을 삼으시면 좋겠습니다. (웃음) 사실 제가 말한 슈퍼스타는 단지 텔레비전에 나오거나 많은 자원을 가진 사람이 아니었습니다. 이때의 슈퍼스타는 학계 내에서 실적에 기초한 권위가 있고, 그것을 기초로 학계 바깥에 있는 사람들에게까지 그 분야의 필요성과 의미를 몸소 입증할 수 있는 사람을 의미합니다. 그리고 저는 지금이야말로 우리 학계가 그러한 존재를 필요로 하는 순간이 아닐까 생각합니다. 특히 제가 속한 문학 분과를 포함해 많은 인문사회 분야는 그게 왜 필요하냐는 의문까지 받는 상황에 처해 있습니다. 그렇기 때문에 이 분야의 존재 이

유를 어떻게 증명할 것인가에 관해 이야기해야 한다는 것
입니다. 우리가 학계 바깥에 어떤 종류의 책임을 질 것인
지, 그리고 어떻게 우리의 존재를 증명할 것인지는 인문
사회과학 분야에서 아주 실존적인 문제입니다. 그런데 이
것이 단지 엘리트주의라든가, 누구 혼자만 잘되자는 이야
기가 아니냐는 식, 혹은 누구에게 돈을 몰아주자는 식의
반응에서 더 나아가지 못하는 게 많이 아쉬웠습니다. 슈
퍼스타라는 제안에 동의하고 말고를 떠나, 학계의 존재
이유 증명과 책임성 문제는 이제 회피할 수 없는 문제니
까요.

한편으로는 대학원을 직접 겪으며 이런 의문도 들었습니
다. 시간이 지나면서 한국의 대학들에도 해외에 다녀온
연구자들이 많이 늘고 연구자들의 전반적인 퀄리티도 많
이 향상되었는데, 왜 우리는 그런 세계적인 수준의 연구
자가 나오지 않느냐는 것입니다. 그래서 대학원에서 무슨
일들이 벌어지는지, 대학원의 어떤 조건들이 뛰어난 연구
자들과 재능 많은 대학원생들로 하여금 자기 능력을 충분
히 발휘하지 못하게 만드는지 묻고 따져야겠다는 생각을
했습니다. 이것이 이 책의 근본적인 문제의식입니다.

또, (한국에서 박사를 했든 해외에서 했든 간에) 박사학위 과정까지
는 제법 창창한 연구를 하던 사람들의 연구 성과가 한국
에 들어오거나 교수로 임용된 후 왜 갑자기 정체되고 꺾
이는지도 앞으로 다뤄야 할 문제입니다. 대학원생들을 기
르지 않는 학과에서는 (특히 박사급 대학원생들을 지도하지 않다 보
니) 연구자에게 여러 지적 자극을 주는 데 한계가 있습니
다. 또 교수들은 테뉴어(tenure, 정년 보장) 트랙에 들어간 이후

부터 다소 고립되는 경우가 많습니다. 이러한 것들이 그 원인이겠죠. 이런 문제를 해소하기 위해서는 신진 연구자, 테뉴어 트랙에 진입한 연구자, 박사학위를 받고 시간이 지난 연구자 등이 글로벌한 연구자로 계속 성장할 수 있는 연구자 육성 환경을 어떻게 만들 것인지도 본격적으로 다뤄야 합니다.

정인관   그렇다면 이우창 선생님도 기본적으로 해외에서도 읽히는 논문을 써야 한다는 것에 대해서는 동의하시나요?

이우창   저도 질적인 면에서는 글로벌한 수준의 작업들이 계속 나와야 한다고 생각합니다. 물론 분야에 따라서 한국어로 써야 할 수도 있고, 꼭 특정 언어로만 쓰일 필요도 없죠. 다만 적어도 연구의 수준을 위해서 연구자의 능력을 충분히 발휘할 수 있는 환경이 만들어져야 한다는 점에서는 김두얼 교수님의 문제의식에 공감합니다.

─────── **왜 글로벌인가**

김두얼   거기서 조금 더 논의를 밀고 나가 보겠습니다. 인문사회과학 분야에서 아주 유명한 케네스 포메란츠의 『대분기』라는 책이 있습니다. 왜 산업혁명이 유럽에서 일어났고 중국에서는 일어나지 않았는지를 다룬 책으로, 엄청난 파급력을 가졌었고 지금도 많은 화두를 던지는 책입니다. 기본적으로 이 책은 영국과 중국의 양쯔강 하구 유역을 비교합니다. 그런데 그 둘을 중심에 놓을 뿐이지 동남아

시아나 일본, 동유럽 등 온갖 나라들이 다 언급됩니다. 그런데 거기에 한국이 없습니다. 전 정말 놀랐습니다. 책의 참고 문헌 목록을 보면 한국에 대한 논문이 한 편도 없습니다. 그런데 이것을 사람들한테 이야기해도, 우리나라에서는 얼마나 심각한 문제인지 잘 모릅니다. 책에 존재하지 않으면 한국이라는 나라는 존재하지 않는 것이라는 사실, 세계사에 존재하지 않는 나라라는 사실을 심각하게 받아들이는 분이 별로 없습니다. 그렇다면 포메란츠가 한국을 의도적으로 무시했을까요? 전혀 아닙니다. 아까 말씀드린 것처럼 여러 나라를 두루 언급하고, 자신의 주장을 일반화하기 위해 온갖 자료를 들여다봤습니다.

한국의 학계가 얼마나 존재감이 없는지는 단순히 학계의 문제에 그치지 않고 한국이라는 나라의 존재감이라는 문제로 귀착됩니다. 그런데 이미 우리는 다른 분야에서 그 반대의 예들을 많이 봤습니다. 영화 〈기생충〉이나 방탄소년단(BTS)처럼요. 이들 덕분에 해외에 나가 보면 외국 사람들이 저를 대하는 방식이 완전히 달라졌습니다. 20년 전만 하더라도 한국은 소득 수준이 얼마인지, 한국은 어디에 있는지 물었다면 요새는 외국인이 먼저 와서 이야기를 막 풀어놓습니다. '내가 엊그제 한강의 소설을 읽었는데……' 하면서요. 이것이 소위 말하는 소프트파워고, 한국이라는 나라의 발전 가능성을 결정하는 것이죠. 그리고 그것을 주도하는 곳은 한국의 대학원들이어야 합니다.

이것은 단순히 한국의 학술 자료를 영어로 번역한다고 해결되는 문제는 아닙니다. 결국은 지식의 질의 문제이고, 그와 관련해서 우리는 어떤 생각을 하고 있는지가 중요합니다. 단순히 SSCI*라는 커트라인을 넘는지만 이야기하지 말고, 각 분야의 최고 학술지에 우리가 어떻게 한국의 것을 다뤄서 나갈지 논의해야 합니다. 혹은 반드시 우리 것을 다루지 않더라도, 이우창 선생님처럼 서양 문화 연구자가 서양 문화에 대해서 새로운 시각을 보여 주는 논문을 통해 한국의 격이 올라갈 수도 있겠습니다.

단지 우리의 대학원 안에서만 어떻게 할 것인지 고민해서는 이런 문제가 해결되지 않습니다. 물론 이 문제의 맨 앞에 있는 것은 당연히 교수들이죠. 그럼 결국 왜 교수들이 연구를 하지 않을까라는 문제로 귀착됩니다. 다음번 책에서는 그런 부분에 대해서도 꼭 담아 주기를 부탁합니다.(웃음)

──── **한국의 학문 공동체를 생각한다**

정인관　다음 주제로 넘어가 보겠습니다. 두 분의 글을 읽으면서 학문을 한다는 것의 의미에 대한 두 분의 차이를 느꼈습니다. 김두얼 교수님은 개인 연구자로서 좋은 연구를 하고 좋은 논문을 써서 세계에 알리는 것을 보다 중요하게 보시는 듯합니다. 물론 이우창 선생님도 기본적으로 이에 동의하지만 동시에 연구자이자 생활인으로서, 또 학계의 일원으로서 학문 공동체에 대해 많은 관심을 갖고 계신 듯합니다. 대학원을 졸업한 개인 연구자이지만 여전히

---

* Social Science Citation Index. 사회과학 논문 인용 색인. 미국의 클래리베이트 애널리틱스 사가 사회과학 분야 학술지에 게재된 논문을 바탕으로 구축한 국제 학술 논문 데이터베이스로, SSCI의 등록 여부는 학술적 기여도를 평가하는 기준으로 국제적인 권위를 인정받고 있다.

학문 공동체 문제에 대해서도 활발하게 활동하고 계신데,
둘 사이에서 균형이 잘 맞는지 궁금합니다.

이우창   하나의 학술장, 혹은 여러 학술장 안팎의 소통 경로라는
차원에서, 개인 연구자가 좋은 학술지에 논문을 내고, 그
것을 통해 다른 연구자들과 소통하며 학술장에 기여하는
일은 당연히 필요합니다. 다른 한편으로, 한 사회에서 지
적인 장을 구성하는 것은 꼭 학술 연구뿐만이 아니라 저
널리즘이나 정책의 영역도 있습니다. 이런 여러 영역의
사람들과 같이 논의하면서 학계가 그들의 논의를 흡수하
고, 반대로 그들이 학계의 논의를 다시 가져가서 정책이
나 언론 등에서 활용하는 것도 필요합니다.
제가 늘 아쉽게 생각하는 사실은 언론과 출판 쪽에서 학
계에 대한 이해도가 현저히 떨어진다는 점입니다. 반대로
그 분야에서도 똑같은 이야기를 합니다. 언론과 출판이
어떻게 돌아가는지 연구자들은 너무 모르고 관심도 없다
고 말이죠. 이공계의 경우는 어느 정도 국가의 부와 국력
을 이루는 데 당연히 필요한 영역이라는 합의가 있지만,
상대적으로 인문사회 분야는 자기 존재 이유를 증명하지
않으면 사회가 그 의미를 인식하지 못합니다. 이런 차원
에서도 언론, 출판 분야와 상호 연결될 필요가 있습니다.
이런 상호 연결을 위해서 좁은 의미의 연구자 공동체에
국한되지 않는 지적 공동체, 네트워크, 클러스터를 구축
하려는 시도가 필요하다고 생각합니다.

정인관   이와 관련해서 김두얼 교수님도 하실 말씀이 있을까요?

김두얼 지금 말씀하신 것은 저도 중요하다고 생각합니다. 단지 제가 말씀드리고 싶은 것은, 우리나라의 전체 학계를 보다 크게 봐야 한다는 것입니다. 우리나라 학계에서 99퍼센트의 사람들은 아주 자연스럽고 당연하게 한국의 문제들을 보고, 한국에 대해 연구합니다. 그런데 1퍼센트의 슈퍼스타가 나오지 않으면 학계의 전반적인 수준이 향상되고 질적으로 발전하는 데, 나아가 한국 사회가 발전하는 데 굉장히 큰 문제가 됩니다. 제가 계속해서 슈퍼스타 이야기를 하고 한국의 최고 수준 대학원들이 세계적인 연구자를 길러 내야 한다고 강조하는 이유입니다. 스포츠에 비유하면 대중 스포츠도 중요하지만 진천 선수촌이 없으면 안 된다는 것과 같은 이치이죠. 이런 생각을 꼭 많은 분들이 공유해 주셨으면 합니다.

───── **글로벌과 로컬 사이에서**

정인관 두 분 모두 한국 학술장이 일정한 혁신을 필요로 한다는 점에는 동의하시는 듯합니다. 두 분의 글만 읽었을 때는 그것이 어떤 혁신이어야 하는가에 대한 의견이 서로 상당히 다르다고 생각했는데 막상 만나서 이야기해 보니 공통점이 많은 것 같습니다.
한편 이우창 선생님은 '로컬의 문제는 글로벌로 해결될 수 없다'는 말도 하셨습니다. 오늘도 이야기를 들어 보니 로컬의 문제에 계속 관심이 크신 것 같은데, 이를 포함해서 오늘날 한국 학술장의 혁신에 대해 이야기해 주시기 바랍니다.

이우창　글로벌로 로컬의 문제를 해결할 수 없다는 말이 어떤 의미인지 간단하게 부연하겠습니다. 이것은 단지 글로벌로 나가는 것이 중요하지 않다는 말이 아닙니다. 그보다는 뛰어난 몇몇 연구자들이 글로벌한 지식의 장에 진출하는 것과 로컬의 문제를 해결하는 것은 별개인 측면이 있고, 우리에게는 글로벌과 로컬, 두 가지 모두 중요하다는 것입니다. 지금까지 우리 학계는 로컬의 문제, 즉 우리 대학원과 학술장에 어떤 문제가 있고 이것을 어떻게 고쳐야 글로벌한 차원에서 연구자들이 더 좋은 성과를 보일 수 있을지, 나아가 한국에서의 지식 생산이 더 활성화될 수 있을지에 대한 고민이 부족했습니다. 그래서 가장 먼저 우리 학술장과 학계, 대학원에 대한 메타적인 지식을 더 축적하는 일이 필요합니다. 가령 대학생이 죄를 지으면 대학원에 간다는 식의 밈이 유행하고, 그런 분위기로 인해 뛰어난 학생들이 대학원을 기피하는 상황이 되었다면 왜 이런 종류의 밈이 생겼는지, 그리고 이런 밈이 오해에 기초한다면 우리가 이것을 어떻게 해소할 수 있을지 고민해야 합니다.

많은 분들이 이 정도면 옛날에 비해서 확실히 좋아졌는데 왜 여전히 대학원에 오지 않는지 이해할 수 없다고 이야기합니다. 물론 객관적으로 예전보다 좋아진 것은 맞습니다. 하지만 한국이 고도로 발전하면서 사람들이 기대하는 생활 수준이나, 진로를 선택할 때 어떤 환경에서 일하고 싶다는 기대치가 높아진 점을 고려해야 합니다. 지금의 학생들이 대학원에 무엇을 요구하는지, 그리고 대학원에 있거나 대학원을 떠나는 사람들이 어떤 문제를 느끼는

지 먼저 조사하고 이에 기초해서 우리 학계와 학술 정책의 방향을 돌아봐야 합니다.

끝으로, 지금까지는 인문사회 분야 학술 정책에 개입할 수 있는 통로가 너무 제한적이었다는 문제도 있습니다. 특히 그 통로가 몇몇 연구자들에게 한정되고, 그들의 의견이 전체의 의사인 것처럼 대표되기도 했습니다. 신진 연구자들을 포함해서 더 넓은 스펙트럼의 연구자들이 느끼는 문제의식을 수합하고, 이것을 학술 정책에 반영하는 순환 고리가 만들어져야 합니다.

정인관 『한국에서 박사하기』에 대해, 서울의 상위권 대학 혹은 엘리트 대학만을 중심으로 논의가 전개된다는 비판이 있었습니다. 오늘 저희의 논의도 그 지점에서 다소 불편함을 느끼는 분들이 있을 수 있고, 저희도 더 생각해 봐야 할 문제라는 생각이 듭니다. 다만 이우창 선생님이 이야기한 것처럼 이 책이 다양한 문제들에 대해 논의의 첫 삽을 떴다는 점은 굉장히 큰 의미가 있다고 생각합니다. 앞으로도 이 책에서 미처 다루지 못한 다양한 조건에 놓인 사람들의 이야기, 그리고 우리가 어떻게 그러한 상황을 개선할 것인지 다양한 논의가 이어지면 좋겠습니다.

——— 무엇을 할 것인가?

정인관 이제 마지막으로 하고 싶은 말씀 간단히 부탁드리겠습니다. 김두얼 교수님 먼저 이야기해 주시죠.

김두얼   제가 지금 있는 명지대학교 경제학과 대학원을 중심으로
          우리 대학원은 어떤지 이야기하고 싶었는데, 짧은 시간 안
          에 말하다 보면 오해의 소지가 있을 것 같아서 뺐습니다.
          다만 두 가지를 말씀드리면, 첫째는 명지대학교 경제학과
          대학원은 학생들이 논문에 집중할 수 있도록 최선을 다합
          니다. 세계적인 학자를 키우는 것을 목적으로 하지는 않
          지만 명확한 목표를 세우고, 그것에 맞춰 운영해 왔습니
          다. 그것이 지금까지 상당히 성공했다고 생각합니다. 명
          지대학교에서 지향하는 바가 있는 것처럼 이우창 선생님
          이 속한 대학·대학원의 지향점도 있겠습니다. 이처럼 다
          양한 지향점이 존재하는데, 중요한 것은 각자의 목표를
          위해서 어떻게 잘 꾸려 나가느냐는 점입니다.
          제가 이런 말씀을 드리는 이유는, 이렇게 다양한 대학원
          을 두고 학생들은 많은 고민을 하기 때문입니다. 명지대
          학교에서 학부를 졸업하는 학생들이 경제학을 더 공부하
          고자 할 때, 명지대학교 대학원에 갈지 다른 대학원에 갈
          지 굉장히 많은 고민을 합니다. 그때 저는 자신 있게 이야
          기할 수 있습니다. '네가 명지대학교 대학원에 오면 우리
          가 무엇을 해줄 수 있다'고 이야기하고, 지금까지 그것을
          거의 다 지켜 왔습니다. 저는 이런 식의 노력들이 필요하
          다는 것을 말하고 싶습니다.

정인관   감사합니다. 그리고 이우창 선생님도 마지막으로 하고 싶
          은 말씀 부탁드립니다.

이우창   저도 김두얼 교수님의 말씀에 공감합니다. 그리고 앞서

사회자께서 이야기해 주신 논의의 불균형 문제에 대해서는, 세 가지 답변을 하고 싶습니다.

하나는 앞서 말한 제도 개선 등에 대해 경험이 있고 자신의 실명을 걸고 이야기할 수 있는 스피커가 생각보다 많지 않다는 것입니다. 지금까지의 대학원생 관련 활동들을 보면, 자원이 더 많고 상대적으로 진로에 부담을 덜 느끼는 학교들에서 공개적으로 이런 활동을 하는 사람들이 많이 나왔기 때문에 상대적으로 스피커의 불균형이 생겼습니다. 이는 분명히 우리가 고쳐야 할 현실입니다. 이와 관련해서 많은 비판을 받았는데, 아쉬웠던 점은 그렇다면 누가 논의 구조에 들어가야 할지, 혹은 어떤 이야기가 포함되면 좋을지에 대한 언급이 다소 부족했다는 것입니다. 어떻게 보면 우리 담론장 자체의 한계이고, 앞으로 계속 채워 가야 할 부분이라고 생각합니다.

두 번째는, 스피커의 발굴이나 지방에 관한 논의에 대해 준비하고 있는 것이 있습니다. 그중 곧 《교수신문》에서 첫 삽을 뜰 '천하제일 연구자 대회' 2기는 전국의 여러 연구자들을 섭외하고 그들의 목소리와 연구 주제를 널리 공유한다는 콘셉트로 준비하고 있습니다. 많은 기대 부탁드립니다.

끝으로, 논의가 조금 심심하다거나 더 거국적인 논의가 있었으면 좋았겠다는 반응이 있었습니다. 물론 큰 도식과 비전을 갖는 것도 중요하지만 구체적으로 지금 우리가 해결할 수 있는 문제들은 무엇인지 짚고, 하나씩 고쳐 가는 것도 중요합니다. 흔히들 학자들은 큰 이야기는 잘하지만 세부적인 논의는 별로 능숙하지 않다는 평가가 있습니다.

그래서 더욱 저와 같이 회의주의적인 태도를 견지하면서도 손에 잡히는 문제부터 하나씩 확실하게 고쳐 나가려는 성격의 사람들이 기여할 수 있는 부분이 적지 않다고 생각합니다. 이런 저희의 활동에 대해서도 관심을 갖고 격려해 주시면 좋겠습니다.

정인관 앞으로도 많은 관심 갖겠습니다. 바쁘신 와중에도 두 분 다 자리해 주셔서 감사합니다.

김두얼
본지 편집위원. 현재 명지대학교에서 경제사, 제도경제학, 법경제학 등을 연구하고 강의한다. 지은 책으로 『경제성장과 사법정책』, 『한국경제사의 재해석』, 『사라지는 것은 아쉬움을 남긴다』, 『살면서 한번은 경제학 공부』가 있다.

이우창
서울대 영어영문학과에서 박사학위를 취득하고 서울대 인문학연구원 객원연구원 및 성균관대 사학과 강사로 재직 중이다. 근대 초 영국 문학·담론 및 현대 한국의 지성사적 탐구에 관심이 있다. 『한국에서 박사하기』를 기획·공저하고 리처드 왓모어의 『지성사란 무엇인가?』를 번역·출간했다.

정인관
서울대와 예일대에서 공부했으며, 현재는 숭실대 정보사회학과에서 학생들을 가르치고 있다. 사회 이동, 교육 불평등, 한국 사회의 디지털화에 대해 연구하고 있다. 함께 쓴 책으로 『플랫폼 임팩트 2023』이 있다.

서울
리뷰 오브
북스

잊혀지지 않은 물방울

최재경

하필 그 책이 사라졌다. *The Unforgotten War: Dust of the Streets*라는 제목의 영어로 인쇄된 책이다. 표지에 실린 흑백 사진 속에는 미국 공항에 막 도착한 어린 소년의 모습이 담겨 있었다. 라운지 바닥에 쪼그려 앉은 아이의 손은 장난감 트럭을 붙잡고 있었지만, 비스듬히 돌아보는 얼굴은 멀리 있는 누군가를 찾고 있는 것 같았다.

이사 온 지 6개월 만에 책장을 정리하면서 이 책을 건드렸던 것은 기억나는데, 재활용 쓰레기장에 갖다 버렸는지 다시 다른 곳에 꽂아 두었는지는 기억이 가물거렸다. 같은 책의 한국어 번역본인 『잊혀지지 않은 전쟁』은 아직 책장에 꽂혀 있는 것으로 보아서, 영어로 된 책만 처분한 모양이다. 한국어 번역본의 표지에는 저자가 성인이 된 후의 사진과 어린 시절의 사진들이 콜라주되어 있어서 특별한 감정을 자극하지 않는데, 사라져 버린 책은 표지에 실린 아이의 표정 때문인지 자꾸만 기억이 났다. 몇 주째 계속 그 책을 찾아 보았지만 나타나지 않았다. 내가 그 책을 버렸다는 사실을 인정하고 잊어버리면 될 텐데, 자꾸 미련이 남았다. 설령 버렸다고 하더라도, 버리지 말았어야 했다는 후회가 밀려들었다. 마치 내가 버린 것이 책이 아니라 그 소년이기라도 한 것처럼……

처음 인디애나 주 블루밍턴에서 W의 집을 방문했을 때만 해도 나는 그의 남편 토마스가 그렇게 남다른 스토리를 가진 사람인 줄 몰랐다. 저택의 여기저기를 구경시켜 주면서 W가 남편에 대해 말한 내용을 요약해 보면, 그는 집에서 공중그네를 연습하고, 과일나무와 채소와 버섯을 키워 내며, 목공을 잘해서 집 안팎의 웬만한 시설들은 직접 만들며, 한때 뛰어난 태권도 선수로 태권도 학원을 열기도 했으며, 못 말리는 기타 애호가로서 친구들과 어울려 자주 음악 연주를 즐긴다고 했다. 나는 그의 직업이 공중곡예사인지, 농부인지, 건축가인지, 태권도 사범인지, 음악가인지 도무지 감이 잡히지 않았다. 하는 수 없이 직업이 뭐냐고 물었더니 의료 기구를 발명하고 제조하는 회사를 운영하는데 발명 특허만 30개가 넘는다고 했다. 그뿐만 아니라, 그는 미국에 입양된 한국전쟁 고아이며, 자서전을 써서 자비 출간했고, 해외 입양아를 돕는 자선 활동도 하고, 북한에 의료 기구를 지원하는 일도 했다는 것이다. 고생한 흔적이라고는 보이지 않는 이 유쾌하고 잘생긴 남자에게 그런 과거가 있다는 게 믿기지 않았다. 당장 그가 출간한 자서전을 한 권 얻어 와서 읽기 시작했다. 그 책이 바로 *The Unforgotten War: Dust of the Streets*였다.

책에 의하면 토마스는 한국전쟁 때 미군 아버지와 한국인 어머니의 아들로 태어났다. 군인인 아버지는 언젠가부터 찾아오지 않았고, 어머니는 토마스가 대여섯 살가량 되었을 때 그를 시장 구석에 버렸다. 어머니가 마지막으로 입혀 주었던 좋은 옷은 모두 다른 거지들에게 빼앗겼고, 그를 불쌍히 여긴 거지 아이들의 도움으로 함께 구걸을 하면서 살아남았다. 시장에서 도둑질도 하고 새와 쥐도 잡아먹으면서 1년 이상 거리의 먼지처럼 살다가 미국 선교사의 눈에 띄어 고아원에 들어갔다. 고아원 역시 '튀기'에 대한 차별과 폭력이 난무하는 곳이었다. 운 좋게 미국의 중산층 백인 가정에 입양 가게 되었을 때, 고아원 직원들은 자신들의 폭력 행위에 대해 한 마디라도 발설하면 다시 한국으로 송환될 거라고 아이를 협박했다. 외톨이에 어눌한 영어 때문에 줄곧 성적이 나빴으나, 비언어적 재능이 뛰어났던 그는 공업 기술 쪽에서 두각을 드러내기 시작했다. 그는 텔레비전 만화에 나오는 발명가를 자신의 롤모델로 정했고, 우여곡절 끝에 발명가로서 큰 성공을 거두었다.

그를 처음 만났을 무렵, 나는 대학원 졸업 작품으로 30분짜리 다큐멘터리 제작을 계획하던 중이었다. 다큐멘터리 소재가 될 만한 '스토리 있는 인물'을 찾아다니던 나에게 토마스는 하늘에서 내린 선물 같았다. 그러나 내 다큐멘터리에 출연해 달라는 제안에 대한 토마스의 대답은 "No"였다. 그는 자신의 어두운 과거를 반복해서 이야기하는 것에 질려서 책을 썼다고 했다. 이미 모두에게 알려진 이야기를 한 번 더 들려주는 것이 그렇게 힘든 일이란 말인가? 나는 그의 한국인 아내 W에게 간곡히 부탁했고,

"영어도 못하고 아는 사람도 없고 젊지도 않은 한국인 아줌마가 무사히 졸업할 수 있도록 도와주자"는 설득에 결국 토마스는 항복했다.

다큐멘터리를 제작하는 동안 나는 토마스가 날쌘 다람쥐 같다는 생각을 여러 번 했다. 그는 나에게 다큐멘터리를 찍도록 허락은 했지만, 진지하게 자기 이야기를 하는 것을 꺼리는 눈치였다. 날을 정해서 찾아가면, 근처 숲에 버섯을 따러 가자고 하거나 공중그네 타는 것을 보여 주겠다고 하면서 내가 의도한 것과 상관없는 영상만 촬영하도록 했다. 의자에 가만히 앉아서 인터뷰하는 형식을 싫어하는 것 같아서, 그가 차를 운전하는 동안 조수석에 앉아서 인터뷰를 시도한 적도 있었다. 그러나 그는 대답하거나 생각하는 동안 주행 속도가 불규칙하게 빨라지거나 느려지면서 차 안에 탄 모든 사람을 불안하게 만들었다.

내가 초조해하는 것을 알고 W는 2011년 9월 11일에 뉴욕에 있는 자기 아파트에서 정식으로 토마스와 인터뷰할 수 있도록 약속을 잡았다. 그 무렵 토마스와 W가 뉴욕에 며칠 머무를 예정이어서, 내가 9월 10일에 도착하면 1박 2일 동안 토마스와 그의 친구들을 인터뷰할 수 있다고 했다. 같은 인디애나 주 블루밍턴에 살고 있는 토마스를 인터뷰하기 위해 바쁜 학기 중에 뉴욕까지 날아가는 것은 큰 모험이었다.

9월 10일 오후, 토마스의 뉴욕 아파트에 도착하여 혼자 카메라를 설치하고 그의 친구 부부를 차례로 인터뷰했다. 다음 날인 9월 11일 아침 9시, 그들의 아파트를 다시 방문했더니, 토마스는 방금 일어났다며 샤워하고 올 때까지 기다려 달라고 했다. W는 토마스가 좋아하는 차이나타운의 중식당에 가서 아침을 먹은 후 아파트로 돌아와서 인터뷰를 하자고 했다.

그들과 함께 택시를 타고 차이나타운으로 가는 동안 평소와 달리 맨해튼의 모든 도로가 텅텅 비어 있었다. 보이는 차량이라고는 노란 택시들뿐이었다. 그러고 보니 그날이 9·11 테러가 일어난 지 10주년 되는 날이었다. 그라운드 제로에서 열리는 10주년 추모식 때문에 전 세계와 미국 각 주에서 유가족들과 관련 인사들이 맨해튼에 들어와 있었고, 행사를 위해 차량을 통제하고 있어서 일반 승용차들과 버스들은 제한된 구간에서만 운행되었다. 택시 기사가 틀어 놓은 라디오를 통해, 추모제 진행자가 10년 전에 죽은 희생자들의 이름과 유가족들의 이름을 하나하나 호명하는 소리를 들었다. 망자의 이름이 하나씩 호명될 때마다 그들의 혼이 도시에 내려앉는 느낌이었다.

"재키, 정말 미안한데 우리 인터뷰 다음번에 하면 안 될까? 나 오늘 너무 피곤해."

내 옆에 앉아 있던 토마스가 어렵게 얘기를 꺼냈다. 속으로 만감이 교차했지만, 그의 부은 눈과 푸석푸석한 얼굴을 보니 어쩔 수 없다는 생각이 들었다. 이런 날 아침에 그에게 어두운 과거사를 모두 이야기하게 만드는 것은 고문에 가까운 일일지도 모른다. 나는 어쩔 수 없이 동의했다. 토마스는 공중그네에서 내려온 늙은 곡예사처럼 크게 한숨을 내쉬었다.

토마스 부부와 헤어진 후, 나는 허탈한 심정으로 그라운드

제로로 향했다. 뉴욕 사람들이 모두 이곳에 모였나 싶을 정도로 많은 사람들이 보도를 빼곡히 채운 채 천천히 움직이고 있었다. 인파에 섞여 한참 걸었지만 그라운드 제로에 가까이 다가갈 수는 없었다. 전 세계에서 날아온 경찰들이 지키는 가운데, 오로지 행사 관련자들과 유가족들만이 그곳에 입장할 수 있었다. 나를 포함해서 행사장 주위를 에워싼 무리들은 비록 애도의 태도를 취하고 있었어도 대부분 역사적인 명소인 그라운드 제로를 보며 그날의 비극을 확인하고 싶은 '슬픔의 구경꾼들'이었다.

뉴욕까지 따라갔다가 눈앞에서 그를 놓쳐 버렸던 9월 11일 이후 나는 블루밍턴에서 2주에 한 번씩 주말마다 토마스를 만났지만 인터뷰를 하진 않았다. 토마스 부부와 함께 밥을 먹고 보드게임을 하면서 서로 친해지는 일에만 집중했다. 사실 두어 번 더 인터뷰 일정을 잡았지만 토마스가 여러 가지 핑계를 대며 취소했다.

연말이 다가오자 나는 학교 수업 때문에 바빠졌고, 겨울방학에는 토마스 부부가 심한 독감으로 꽤 오래 앓았다. 결국 짧은 방학 기간도 다 지나가고 마지막 봄 학기가 시작된 1월 말경에야 정식 인터뷰 날을 잡을 수 있었다. 이번에도 또 토마스가 취소하면 어쩔 수 없는 일이었다. 내가 4학기 만에 졸업할 수 있는 확률도 점점 낮아지고 있었다.

인터뷰를 며칠 앞둔 새벽이었다. 꿈속에서 내가 학생 아파트 2층 침실에서 자고 있는데 창밖에서 누군가 내 이름을 부르는 소리가 들렸다. 눈을 비비며 일어나 커튼을 열어 보니 창밖은 해가 떠서 환했고, 내 방 아래 잔디밭에 토마스가 앉아 있었다. 그의 등 뒤에는 그가 아끼는 기타와 앰프와 짐 꾸러미들이 펼쳐져 있었다. 그는 내 얼굴을 보고 반가운 듯이 손을 흔들었다. 그 꿈을 꾼 날 오후 정말 토마스에게 전화가 왔다. 아직도 독감의 후유증이 남아 있지만, 인터뷰에 응할 마음의 준비가 되었다고 했다.

토마스는 약속한 날짜에 나타나 누구보다 진지한 자세로 인터뷰에 응했고, 오래 준비한 사람처럼 성찰적이고 정돈된 언어로 자기 이야기를 들려주었다. 덕분에 학기가 끝날 무렵이 되자 어느 정도 남에게 보여 줄 만한 30분짜리 다큐멘터리가 완성되었다. 작품의 완성도에 대해 지도교수의 승인을 받은 후 토마스의 집에서 첫 시사회를 했다. 그전까지는 최종 결과에 대해 신경 쓰지 않겠다고 말하던 토마스였지만, 작품을 보더니 태도가 달라졌다.

"재키야, 너무 마음에 들어! 난 영화 속의 나 자신을 사랑해!"

그는 그 자리에서 영화를 두 번이나 더 보았고, 내가 떠난 후에도 열 번 이상 반복해서 시청했다고 한다. 고아원 시절의 깡마른 토미, 공항에서 미국인 새 아버지를 만나 어색해하는 토미의 사진이 나올 때 한없는 애정과 연민의 눈으로 바라보던 토마스의 모습이 떠올랐다. 어린 토미를 바라보는 현재의 어른 토마스는 다른 시간대에 존재하는 아버지와 같았다. 토미의 고통을 고스란히 느끼면서, 또한 토미의 상처를 어루만지고 있었다.

그 다큐멘터리*를 완성한 지 10년이 넘었고 토마스의 이야기는 그 후 다른 매체에도 여러 번 소개되었기에, 그 책은 더 이상 나에게 필요하지 않았다. 그런데도 책 생각을 떨쳐 버리지 못하다가, 문득 토마스를 인터뷰할 때는 생각하지 못했던 질문이 떠올랐다. 오랜만에 인터넷 메신저로 미국에 있는 토마스에게 물어보았다. "엄마가 당신을 고의적으로 버렸다는 사실을 깨달은 건 언제였어요?"라고. 예상대로 토마스는 한동안 자신이 뭔가 잘못해서 엄마를 잃어버린 거라고만 생각했지, 엄마가 자기를 버렸다는 생각은 하지 않았다고 대답했다.

언젠가는 엄마가 나를 찾아낼 것이고, 어려움에 빠진 나를 구해 주러 올 거라고 믿었어. 그런데 비행기를 타고 바다 건너 머나먼 미국에 도착한 날, 갑자기 알아들을 수 없는 다른 언어로 말하는 사람들 속에 둘러싸였을 때 나는 굉장한 충격에 빠졌어. 그 지경이면 정말 엄마가 와서 구해 주는 수밖에 없다고 생각했어. 간절히 엄마를 기다렸지⋯⋯. 엄마는 끝내 나타나지 않았고, 난 비로소 엄마가 나를 버렸고 나를 잊었다는 사실을 받아들였어.

표지에 실린 사진의 의미를 알고 나서도 불편한 마음이 가시지 않았다. 혹시나 하고 인터넷에서 책 제목을 검색해 보았다.

---

* 토마스의 다큐멘터리 〈Where Are You Going, Thomas?: The Journey of A Korean War Orphan〉는 유튜브 채널 '초이스 스토리'에서 볼 수 있다.

그 책은 아직도 아마존에서 중고로 판매되고 있었다.

놀라운 것은, 표지 디자인이 내가 기억한 것과 전혀 다르다는 점이었다. 표지에는 사진이 아니라 그림이 들어 있었다. 동그란 지구의 아메리카 대륙 위로 방울방울 푸른 눈물이 떨어지는 그림이었다. 그 눈물방울마다 축소된 흑백 사진들이 오버랩되어 있었고, 내가 표지 사진으로 기억한 사진은 그중 하나에 불과했다. 그 하나의 물방울이 내 속에 깊이 스며든 모양이었다.

최재경
소설가, 다큐멘터리 작가, 유튜브 크리에이터. 소설 『반복』, 『숨쉬는 새우깡』, 『플레이어』를 썼으며, 다큐멘터리 영화 〈Where Are You Going, Thomas?: The Journey of A Korean War Orphan〉, 〈Love Walks With Me〉, 〈Thin The Soup〉를 제작했다. 유튜브 채널 '초이스 스토리'를 운영 중이다.

기괴한 사진과 화해하기

조문영

사람만큼 사물도 대하기 어려울 때가 있다. 고이 간직하자니 어정쩡하고 내다 버리기도 망설여지는 사물들이 눈에 밟힌다. 그 순간엔 진심을 꾹꾹 눌러 담았을 애인의 편지, 새벽녘에 쓴 감성 과잉의 일기, 오래전 어머니가 할머니 댁에서 데려온 곰 인형까지 목록도 가지가지다. 그래도 이런 사물은 잠깐이나마 시선을 고정하는 힘이 있다. 마주하는 순간 떠오른 기억이 금세 휘발되진 않기 때문이다. 이번엔 진짜 버려야지 맘을 굳혔다가도, 나는 이사 때마다 이것들을 도로 박스에 담고, 가끔 수선도 한다. 봉투의 먼지를 털어 내고, 일기장 모서리의 구김살을 편다. 등허리가 휜 곰이 벽에라도 기댈 수 있게 위치도 바꿔 본다.

하지만 내 스마트폰 안의 어떤 사진 파일은 '접근 금지' 사물로 남았다. 스마트폰 안에 저장된 수백 장의 사진 중엔 직접 찍은 것도, 카카오톡이나 문자로 전송된 것도 있다. 사진은 흩어지고 쌓이기를 반복한다. 아예 지워지는 사진도, 내 PC로 자리를 옮기는 사진도 있다. 사진들의 운명은 모두 내 손가락에 달렸다. 손끝으로 사진 파일을 길게 누르면 삭제 표시가 나타난다. 휴지통 모양의 아이콘을 클릭하는 순간 사진은 없던 것이 된다. 터치 두 번이면 손쉽게 작별할 수 있다. 이삿짐 박스에 애써 담거나 수고를 들여 버릴 필요도 없다. 하지만 손끝을 감히 갖다 댈 수 없는 사진이 있다. 클릭해서 전체 화면을 보기가 두렵다. 다른 파일을 보다 그 사진에 우연히 시선이 닿기라도 하면 몸이 굳어진다.

아버지의 임종 사진. 좀 더 정확히는, 지난해 한 의사가 전화 통화로 "○○○ 씨는 3월 31일 저녁 6시 17분에 사망하셨습니다"라는 선고를 내리자마자 문자로 전송된, 누군가 자신의 스마트폰을 곧추세우고 주검의 얼굴을 최대한 클로즈업해 찍은 사진.

아버지는 코로나19 확진 판정을 받고 감염병 전담 요양병원에서 격리 치료 중이었다. 면회가 금지된 데다, 확진자 급증으로 의료 현장이 아비규환 상태라 전화로 조심스럽게 상태만 확인했다. 간호사는 체온이나 산소 포화도 수치만 간단히 전하는데, 기계적인 응답이 외려 위로가 됐다. 모든 게 매뉴얼에 따라 진행되고 있었다. 온라인으로 주문한 상품이 입고 알림, 배송 알림으로 제 상태를 전하다 예정된 날짜에 집 앞에 도착하듯, 병원에 계신 아버지-환자도 규정된 절차에 따라 치료를 받고 회복해서 나와 곧 만나겠지. 하지만 퇴원이 예정된 날 아침 벨이 울렸다. 담당의의 통화음이 떨렸다. 한 시간 반 만에 구급차에 실려 온 그를 맞은 중환자실 의사의 목소리는 다급했다. 의식을 이미 잃었다, 회복이 어렵다, 두세 시간 남았다, 임종을 준비하라는 말이 간격을 두고 음성으로, 문자로 나를 습격했다.

임종 직후 고인의 얼굴을 사진으로 찍어 보호자한테 문자로 전송하는 일은 아마도 코로나19 매뉴얼 중 하나였을 것이다. 사진을 촬영한 담당자는 임무를 끝낸 뒤 제 스마트폰에서 망자의 흔적을 곧바로 지웠을 테다. 하루에도 수차례 그 일을 반복하고, 과로에 지쳐 절차의 황망함을 돌아볼 여유조차 없었을 테다. 하지만 그가 보낸 사진은 그날 나를 무너뜨린 마지막 한 방이었고, 지금도 내 신경을 건드린다. 물론 나는 언제라도 두 번의 손가락 움직임만으로 문제의 사진과 작별할 수 있다. 하지만 그 간단한 작업이 가장 어려운 일이 됐다.

확진 당시 아버지는 치매가 심해져 일 년 가까이 요양원에 머물던 중이었다. 코로나19가 한창인 와중이라 병원 검진차 외출할 때를 제외하면 만남이 힘들었다. 병원에 나와서도 감염 위험 때문에 식사를 함께하지 못했다. 그는 오매불망 냉면을 바랐지만, 나는 그의 마스크를 살짝 올려 입술 사이에 두유를 꽂은 빨대를 집어넣었다. 기를 쓰고 두유를 빨던 그 입술 사이로 두어 달 뒤 인공호흡용 튜브가 들이닥치고, 튜브가 빠져나간 뒤 닫히지 못한 입이 증명사진으로 찍히고, 그 사진이 자식한테 기괴한 유물로 전송되리라고 아버지는 상상하지 못했을 것이다. 한창 힘이 넘칠 때의 그라면 병원 유리창을 부수고도 분이 안 풀렸을 테다.

의료인류학자 송병기는 의료 현장에서 만난 환자나 보호자가 대부분 '존엄한 죽음'보다 '깔끔한 죽음'을 원했다고 말한다.

돌봄에 가치를 매기지 않는 사회에 익숙하다 보니 깔끔한 죽음을 존엄한 죽음으로 여기는 사람들도 많았다. 코로나바이러스에 의한 갑작스러운 사망도 그들이 원할 법한 '깔끔한 죽음'인가? 의료 기록만 보면 다행스럽게도 아버지가 고통을 느낀 시간이 길진 않았다. 발인이 끝날 때까지도 눈에 초점이 없던 언니는 삼우제를 마치고 순댓국 한 그릇을 다 비우더니 제정신을 차린 듯 농담을 던졌다. "진짜 아빠답게 가셨네." 유난히도 성미가 급했던 나의 아버지는 술도 허겁지겁 마셔 주변 사람들을 무안하게 만들고 집도 후다닥 팔아 치워 어머니를 드러눕게 하더니, 이승을 떠나는 길조차 몹시도 서둘렀다.

그렇다고 아버지의 죽음이 '존엄'한가? 국가가 지정한 낯선 지역, 낯선 병원에서 외롭게 맞은 죽음. 가족도, 지인도 곁에 둘 수 없는 죽음. 사망과 동시에 다급한 의료인한테는 다른 환자를 구할 병상 한 자리로 대체될 죽음. 어느 사회든 죽음과 대면하기란 쉽지 않아서 적절한 의례를 마련하는데, 죽음의 무게가 한껏 가벼워진 팬데믹 시기엔 설상가상으로 의례조차 제대로 치러지지 못했다. 망자가 넘쳐서 고인을 안치하고 봉안하기까지의 모든 일이 난망했다. 독실한 천주교 신자인 어머니는 아버지한테 수의도 못 입히고 성수도 뿌리지 못했다며 내내 안타까워했다. 주검을 비닐백에 밀봉한 채 입관하고 감염을 우려해 선(先) 화장을 강제한 코로나19 초기의 방역과 비교하면 그나마 다행이랄 수도 있겠다.

무엇보다 내 스마트폰 깊숙이 남아 있는 아버지의 형편없는 임종 사진은 '존엄한 죽음'과 거리가 멀다. 지우자니 한없이 외로 웠을 아버지를 아예 버리는 것 같고, 놔두자니 마주칠 때마다 숨 이 턱턱 막힌다. 이 기괴한 사진과 나는 화해할 수 있을까? 오래 전 한 상담사는 마주하기 두려운 존재와 애써 관계를 회복할 필 요가 없다고 내게 조언했다. 그는 대신 마주침의 순간에 몸을 이 완해 보라며 호흡법을 가르쳤다. 들숨과 날숨을 천천히 오가며 감정을 조절하길 권유했다. 그의 조언은 처음엔 신통해 보였지 만, 시간이 지나면서 급속하게 효험이 떨어졌다. 몸과의 대화가 서툴렀던 탓이다.

그래서 내가 궁여지책으로 생각해 낸 것은, 문제의 사진 파 일과 내가 맺는 관계를 이러지도 저러지도 못하겠다고 가볍게 말할 수 있는 정도로, 존재를 완전히 지우기보다 이삿짐 박스에 다시 욱여넣을 정도로 바꿔 내는 작업이었다. 그러자면 아버지 와의 추억, 애틋한 기억을 되살려야 했다. 마냥 좋았던 기억은 글 쎄…… 아버지는 따뜻한 사람이었지만, 관계에 서툴렀다. 가령 이런 식이다. 할리우드 키드인 아버지가 없는 살림에 비디오 데 크를 장만하고 내 친구들을 집으로 몽땅 초대한 것까진 좋았다. 그런데 비디오 대여점에서 제 취향의 영화를 골라 오면 어쩌겠 단 건지. 월남전을 다룬 미국 영화는 유혈이 낭자한 전투 장면으 로 초등생인 나와 친구들을 점점 긴장하게 만들더니, 급기야 베 트콩이 미군 포로에 가하는 끔찍한 고문으로 우리를 공포로 몰 아넣었다. 제집을 동네 비디오방처럼 꾸미고 싶었던 아버지의 계획은 이웃들의 원성으로 끝났다. 어디 그뿐인가. 온 가족이 야

외 수영장에 놀러 갔을 때다. 아버지는 나를 데리고 수영장 미끄럼틀로 향했다. 예의 급한 성미를 누르고 긴 줄을 참아 낸 것까진 다행이었다. 마침내 우리 차례가 되었을 때, 나는 세상을 다 가진 기분이었다. 그런데 나를 안고 아래로 내달려야 할 아버지가 움직이질 않았다. 당시 100킬로그램에 육박했던 아버지의 몸뚱이가 미끄럼틀 난간에 말 그대로 붙어 버린 것이다. 아버지가 마침내 엉덩이를 떼어 내고 나와 함께 전속력으로 질주해 물속에 처박혔는지, 아니면 우리가 머쓱하니 올라온 계단을 따라 내려갔는지 기억이 안 난다. 너무나 창피했던 나는 물도 땅도 아니고, 그냥 하늘로 증발해 버리고 싶었을 뿐이라서.

　기괴한 임종 사진이 떠오를 때마다, 나는 서툴고 엉뚱했던 나의 아버지를 겹쳐 보기로 했다. 듬직한 가부장 행세를 할 때마다 번번이 사고를 쳤던 그의 초상을 떠올리기로 했다. 그리고 어느 날 무심하게 문제의 파일을 삭제하겠다고 다짐했다. 성당에 가서 아버지의 연미사(위령 미사)를 드렸는데, 며칠이 지나 그가 꿈에 나타났다. 동자승이었다. 나를 보고 씩 웃더니 홀연히 사라졌다. 'out of place: 제자리에 있지 않은.' 어렸을 적 처음 이 단어를 접했을 때 아버지를 떠올리며 암기했더랬다. 아버지는 내 기억 속에, 사진 파일 안에, 꿈에서조차 여전히 'out of place'로 남았다. 그럼에도 내 곁에 머물렀다.

조문영
본지 편집위원. 연세대 문화인류학과 교수. 지은 책으로 『빈곤 과정』, *THE SPECTER OF "THE PEOPLE"*('인민'의 유령), 엮은 책으로 『우리는 가난을 어떻게 외면해왔는가』, 『민간중국』, 『문턱의 청년들』, 『동자동, 당신이 살 권리』, 옮긴 책으로 『분배정치의 시대』가 있다.

지금
읽고 있습니다

[편집자]
이번 호 〈지금 읽고 있습니다〉에서는 《서울리뷰
오브북스》의 독자들이 '지금 읽고 있는 책'을 직
접 소개한다.
참여해 주신 강지현, 김환희, 배병진, 백동현,
안형욱, 오명, 이다운, 장길섭, 전가람, 최설아,
한서연, 허소희 독자님께 감사의 말을 전한다.

『아리스토텔레스의
악어』
미셸 옹프레 지음,
변광배·김중현 옮김,
서광사, 2022

소크라테스부터
데리다까지, 서양
철학사를 대표하는
34명의 철학자들을
그림을 통해 소개한
책이다. 저자는
화가가 철학자의
사유를 압축해 둔
그림 속 디테일을
짚어 주고, 침묵으로
말하는 그림의 말을
정확히 듣기 위해
필요한 철학적 설명을
제공한다.

배병진

『물고기는 존재하지
않는다』
룰루 밀러 지음,
정지인 옮김,
곰출판, 2021

책 속의 거듭된 반전이
교훈이 되어 가슴을
울렸다. 인간의
오만하고 편협한
시선으로 세상을
바라보지는 않았는지
되돌아보게 만드는 책.

강지현

『시장으로 간 성폭력』
김보화 지음,
휴머니스트, 2023

여기서 시장은 직위가
아닌 마켓. 성폭력
가해자의 감형, 무죄를
위한 대응이 어떻게
시장화되어 있는지
상세히 소개하고
근본적인 문제점을
짚어 준다. 기가 차고,
화가 나고, 슬프다.

김환희

『숨은 시스템』
댄 놋 지음,
오현주 옮김,
더숲, 2023

우리가 사는 세상을
구성하고 있는
인터넷, 전기, 물은
어떻게 구성되어
있는지를 알려 주는
책. 우리를 둘러싼
인프라를 어떻게
그림으로 표현하여
독자에게 조금이라도
더 쉽게, 잘 전달할지
작가가 고심한 흔적이
역력하게 보인다.
일상 속에서 당연하게
누렸던 것을 살펴보고
고마움을 느끼도록
도와준다.

백동현

Traduction et
violence
Tiphaine Samoyault
지음,
Seuil, 2020

파파고와 챗GPT는
번역의 세계를
집어삼킬 것인가.
번역과 번역 기술의
발전에 깃든 폭력성을
분석하는 책이다.
텍스트를 바라보고
이를 겨냥하는 새로운
관점이 필요해 읽고
있다.

안형욱

『마음사전』
김소연 지음,
마음산책, 2008

금세 휘발되어
버리거나 정확하게
포착하지 못할까
염려되는 마음의
낱말. 작가가 마음의
결 하나하나 곱씹으며
달아 놓은 각주들을
읽으며 그때의 내가,
그때의 당신이 왜
그랬는지 더듬어 보게
된다.

오명

『땅의 옹호』
김종철 지음,
녹색평론사, 2008

오늘의 근대 산업
사회는 기후위기에서
보듯 지속 불가능한
사회로 귀결되었다.
근대 산업 사회라는
집단 자살 체제를
극복하는 유일한 길은
'고르게 가난한' '농적
순환 사회'로 방향을
전환하는 것이라고
30년 동안 쉬지 않고
역설해 온 김종철
선생의 농본 사상이
응축되어 있는 평론집.

장길섭

『청춘의 커리큘럼』
이계삼 지음,
한티재, 2013

자본으로 뒤덮인 이
땅에서 '어떻게' 살고
싶은 사람인지 삶의
방향을 확인하고 싶을
때마다 다시 쥐게
되는 책. '아프니까
청춘'은 시대 변화의
한 표현이면서 쉼
없이 자행되는 착취의
한 형태일 뿐이라는
저자의 주장에 절절히
동의하며 퇴직과 이직
사이에서 1일 1장씩
읽는 중.

전가람

『밝은 밤』
최은영 지음,
문학동네, 2021

4대에 걸친 모녀들의
삶으로 구성된
이야기가 꾸밈없는
현실감으로 다가온다.
소설이 현실을 너무나
충실하게 반영해 많은
생각을 하게 만드는 책.

이다운

『시스템 에러』
롭 라이히·
메흐란 사하미·
제러미 M. 와인스타인
지음,
이영래 옮김,
어크로스, 2022

부제 '빅테크 시대의
윤리학'이라는
설명대로 '빅테크'
기업들의 시대인
오늘날 민주
시민으로서 우리가
디지털 혁명의 혜택이
우리에게 어떻게
돌아오게 할지와 같은
문제를 고민한 책이다.
이 책은 오늘날 디지털
생태계를 좌우하는
권력과 가치가 인류
전반에 미치는 영향과
그것이 기존의 권력,
편견, 혐오 등을 어떻게
공고화하고 있는지에
대한 문제 제기. 또한
많은 위험에 처해 있는
사회의 시민으로서
우리가 앞으로 어떤
경로로 나아가야
할지 심사숙고하기를
요구한다.

최설아

『H마트에서 울다』
미셸 자우너 지음,
정혜윤 옮김,
문학동네, 2022

누구나 겪어야만 하는
사랑하는 사람의 부재.
가족을 떠나보내고
애도하는 과정을
솔직하고 담담하게
풀어낸다. 살아가기와
죽어가기, 그 속에서
또 다른 깨달음을 얻게
해주는 책.

한서연

『풀하우스』
메이브 빈치 지음,
이은선 옮김,
문학동네, 2022

'북적거리는 집에서
살아가는 다섯 가족
이야기'라는 책 소개
내용을 보고 읽게
되었다. 짧은 분량으로
빠르게 읽을 수 있다는
것이 장점이다. 성인이
되고 나서도 독립하지
않는 철없는 삼 남매의
이야기인데, 마치
미러링을 당하는
기분이었다.

허소희

[편집자] 〈신간 책꽂이〉에는 최근 발간된 신간 가운데 눈에 띄는 책을 골라 추천 이유와 함께 소개한다. 이 책들의 선정과 소개에 도움을 주신 분들은 다음과 같다.

김경영(알라딘 인문 담당 MD),
김수현(교보문고 인문 담당 MD),
손민규(예스24 인문 담당 MD),
안찬수(책읽는사회문화재단 상임이사),
이현진(와우컬처랩 대표)
(가나다순)

『같이 가면 길이 된다』 이상헌 지음, 생각의힘
노동 현장과 사회 곳곳에서 일어나는 부조리를 직시하는 문장들. 저자는 경제학과 현실의 유리를 경계하며, 보고 들었으나 잊고 있던 문제들을 다시금 끄집어내 눈앞에 펼쳐 낸다.(김수현)

『노동의 상실』 어밀리아 호건 지음, 박다솜 옮김, 이콘
일이 점점 더 나아지고 있다는 믿음이 진실인지 날카롭게 묻는다. 사례를 통해 일을 둘러싼 문제들을 들여다보며 노동에 관한 허울 좋은 말의 이면을 짚어 내는 책.(김수현)

『노동계급 세계사』 워킹클래스히스토리 지음, 유강은 옮김, 오월의봄
인류가 지금의 세상을 만들어 온 역사와 앞으로 만들어 갈 수 있는 더 나은 세상에 대한 상상력이 모두 들었다. 모든 피지배계급의 아픔과 자부심, 희망, 희망!(김경영)

『좌파의 길』 낸시 프레이저 지음, 장석준 옮김,
서해문집

좌파가 힘을 잃었다. 대안을 향한 상상도
멈추었다. 불평등, 착취가 사라진 건
아니다. 지금의 모순을 직시할 개념이
필요하다. 낸시 프레이저는 '식인
자본주의'라고 명명한다.(손민규)
저자는 자본주의에 대한 개념을 확장시키고
이를 대체하기 위해 21세기의 새로운
사회주의를 제안한다. 저자의 주장에 따라
우리는 새롭게 세계를 구축하기 위해 행동할
때가 왔다.(이현진)

『4·3, 19470301-19540921』 허호준 지음,
혜화1117

지난 30년간 4·3을 취재해 온 허호준 기자가
기록한 진실. 2,762일 동안 제주에서는
무슨 일이 있었는가. 저자가 오랜 시간
폭넓고 집요하게 취재한 내공이 깊이
느껴진다.(김경영)

『항미원조』 백지운 지음, 창비

이 책은 중국 현대사의 흐름 속에서 한국전쟁이
어떻게 기념되고 작품으로 형상화되어 왔는가,
즉 중국의 '항미원조 서사'의 맥락을 살펴보는
책이다. 미국 중심의 일극 체제에서 미·중
대립을 포함한 다극 체제로 바뀌고 있는 현재의
시점에서 이 책은 한국전쟁을 새롭게 조망하는
시각을 줄 뿐만 아니라, 그 연장선상에서 미·중
대결을 '다른 관점'에서 생각해 보게 되는 계기를
제공한다.(안찬수)

『사람들은 죽은 유대인을 사랑한다』 데어라 혼
지음, 서제인 옮김, 엘리

죽은 유대인을 사랑하는 것이 산 유대인을
사랑하는 것을 가로막는다는 역설을
이야기하는 책. '홀로코스트 산업'이라는 말로
대표되는 유대인 희생 담론의 이면을 파헤치고
있다.(이현진)

『전사들의 노래』 홍은전 지음, 홋한나 그림,
비마이너 기획, 글항아리
올해의 책 중 한 권으로 이미 점 찍어 뒀다. 이
책에서 만나는 것: 터져 버릴 것 같은 삶의 밀도,
필연적인 부끄러움, 우리가 인간으로서 함께
존재해야 한다는 결연한 다짐.(김경영)

『우리는 물속에 산다』 요코미치 마코토 지음,
전화윤 옮김, 글항아리
마흔 살에 자폐스펙트럼장애와 ADHD를
진단받은 교수의 발달장애 탐구기. 시처럼,
논문적인, 소설풍의 세 가지 형태를 통해
감각을 전달한다. 다 읽고 나면 제목의 탁월함이
느껴진다.(김수현)

『연결된 고통』 이기병 지음, 아몬드
이기병 의사는 3년간
외국인노동자전용의원에서 근무했다. 다양한
아픈 몸과 만났다. 언어와 문화의 장벽이 고통을
이해하는 데 걸림돌이었다. 그들을 진료하며
겪은 희로애락을 쓴 기록.(손민규)

『밑바닥에서』 김수련 지음, 글항아리
7년간 중환자실 간호사로 일하며 쓴 글.
인간과 삶을 향한 기대가 수시로 꺾이면서도
과로, 폭력, 태움, 절망, 죽음에 굴하지
않으며 인간다움을 잃지 않고 버텨 낸
기록이다.(손민규)

『에이징 솔로』 김희경 지음, 동아시아
19인 비혼 여성들이 들려주는 삶의
이야기. 낯설지만 깊이 이해되고
현실적인데 건설적이다. 2030 비혼
지향 여성들에게 든든한 뒷배가
되어 줄, 선배들의 이야기.(김경영)
혼자 사는 중년 여성 19명의 이야기를 통해
결혼 선택 이유, 외로움 극복 방법, 노후
준비 등을 다루는 책. 가족과 관련된 사회적
제도와 개선점에 대한 새로운 상상력을
제시한다.(이현진)

『오송역』 전현우 지음, 이김

세종시의 관문이자 분기역이 된 오송역을 '성공'과 '실패'가 아닌 '오류'와 '오차'의 관점에서 결정 과정을 흥미롭게 조명하며, 도시 개발이 어떻게 이뤄져야 할지를 생각해 보게 한다. (이현진)

『연어의 시간』 마크 쿨란스키 지음, 안기순 옮김, 디플롯

연어를 통해 지구를 본다. 연어의 운명과 우리의 운명은 닿아 있으므로, "연어가 괜찮으면 우리도 괜찮을 것이다." 연어와 인간이 공생했던 시절의 이야기에 미래에 대한 힌트가 있다. (김수현)

『'좋아요'는 어떻게 지구를 파괴하는가』 기욤 피트롱 지음, 양영란 옮김, 갈라파고스

스마트폰으로 현대인의 삶은 편리해졌다. 디지털 세계를 유지하는 데 엄청난 에너지와 자원이 필요하다는 걸 아는 사람은 그리 많지 않다. 갈수록 비대해지는 디지털 인프라를 추적한다. (손민규)

『GEN Z 인문학』 김성연 지음, 서사원

디지털 경험을 설계해 온 저자가 사용자의 디지털 경험이 어떻게 디자인된 것인지 친절하게 들려준다. Z세대를 대상으로 쓰였지만, 디지털 시대를 살아가는 모두에게 도움이 되는 책. (김수현)

『굿 데이터』 샘 길버트 지음, 김현성 옮김, 쌤

저자는 빅데이터를 활용하여 사회적 이익과 효과적인 공적 서비스를 제공할 수 있다고 주장하며 개인 데이터 활용에 대한 적개심을 극복하고자 한다. (이현진)

『AI 빅뱅』 김재인 지음, 동아시아

생성 인공지능의 폭발적인 성장으로 우리의 불안이 증폭되는 때에 철학자 김재인은 인간과 인공지능의 차이를 상세히 설명하여 철학과 인문학의 가치의 중요성을 확인하게 한다. (이현진)

『도둑맞은 집중력』요한 하리 지음, 김하현 옮김,
어크로스
집중력 털어 가는 사회…… 누구도 안전하지
않다. 저자는 실험과 연구를 총망라해 현대인의
집중력 도둑을 좇는다. 쇼츠와 톡과 타임라인에
중독된 모든 이들에게 강권하고 싶은 책.
(김경영)

『이중언어의 기쁨과 슬픔』줄리 세디비 지음,
김혜림 옮김, 지와사랑
5개 국어를 사용하는 언어 심리학자의 언어와
심리 이야기. 몇 개의 언어를 사용하는가와
별개로 언어가 우리 내면에서 작동하는
방식에 관심 있는 이 누구에게나 흥미로울
내용이다.(김경영)

『유전자 로또』캐스린 페이지 하든 지음, 이동근
옮김, 에코리브르
유전자는 중요하다. 태어난 집안이 개인의 삶에
많은 영향을 미치듯, 유전자 역시 마찬가지다.
그렇다면 관건은 유전학을 외면하는 게 아니라
방향을 정하는 것이다.(손민규)

『괴롭힘은 어떻게 뇌를 망가뜨리는가』제니퍼
프레이저 지음, 정지호 옮김, 심심
인간은 늘 타자를 괴롭혀 왔다. 그런 의미에서
언제 어디서든 읽혀야 할 책이다. 학대
가해자와 피해자 뇌에서 어떤 일이 벌어지는지,
트라우마를 극복하는 길은 무엇인지 알려
준다.(손민규)

『그들의 생각을 바꾸는 방법』데이비드 맥레이니
지음, 이수경 옮김, 웅진지식하우스
상식에 반하는 음모론, 정치 지향, 종교 집단을
설득하려면 어떻게 해야 할까? 이 책은 대화와
경청의 중요성을 역설한다. 중요한 건 설득을
포기하지 않는 마음이다.(손민규)

『참을 수 없는 존재의 MBTI』임수현 지음,
이슬아 그림, 디페랑스
MBTI는 철학 길잡이다. 『데미안』,
『카라마조프가의 형제들』, 『그리스인 조르바』등
고전 속 개성 넘치는 다양한 인물을 분석하면서
삶의 의미를 모색한다.(손민규)

『단순한 열망 : 미니멀리즘 탐구』카일 차이카 지음, 박성혜 옮김, 필로우
미술, 건축, 음악, 철학을 두루 살피며 통찰하는 미니멀리즘의 근본적 의미. 지적인 글쓰기로 새로운 삶의 방식을 제안한다. 이 책으로 필로우 출판사의 다음 신간에 대한 기대는 더 높아졌다.(김경영)

『나의 작은 철학』장춘익 지음, 곰출판
장춘익 철학 교수가 10년간 개인 홈페이지에 나누어 왔던 글 모음. 따뜻한데 예리하고, 위트 있는데 깊은 통찰이 담겼다. 한마디로 아름다운 글들. 더 이상 그의 글을 읽을 수 없음이 크게 아쉬울 뿐이다.(김경영)

『더 좋은 삶을 위한 철학』마이클 슈어 지음, 염지선 옮김, 김영사
넷플릭스 드라마 〈굿 플레이스〉 제작자가 도덕 철학을 직접 탐구하고 쓴 윤리학 교양서. 도덕 딜레마를 쉽고 유쾌하게 풀어내 좋은 사람, 더 나은 선택에 대한 실마리를 제공한다.(김수현)

『모든 삶은 흐른다』로랑스 드빌레르 지음, 이주영 옮김, FIKA
흔히 삶을 등산이라 한다. 그런데 이 책이 향하는 시선은 바다가 아니라 산이다. 이 책을 펼치면 바다가 보고 싶어질 것이다. 그리고 삶이 충만해지리라.(손민규)

『낯선 사람』김도훈 지음, 한겨레출판
자신이 몸담은 분야의 기존 질서에 균열을 내고 변화를 일으켰던 인물들에 대해 다룬다. 각각의 모순과 결점까지도 가감 없이 이야기한다. 위인전보다 더 재미있는 '안티 위인전'!(김수현)

『캐나다에 살아보니 한국이 잘 보이네』성우제 지음, 피플파워
이 책은 자신이 한국과 캐나다, 양쪽 사회를 모두 바라볼 수 있는 중간지대에 살고 있다고 생각하는 전직 기자의 에세이를 묶은 것이다. 캐나다 동포 사회와 일상 등을 설명하는 가운데 '재미없는 천국' 캐나다와 빠르게 변화하고 있는 한국 사회와 문화의 면면을 도드라지게 드러낸다.(안찬수)

『서울 이야기』 김남일 지음, 학고재

김남일은 작가다. 1983년부터 작품 활동을 시작했으니 무려 40년. 코로나19 팬데믹 시기 동료 작가들과 함께 소모임 '아시아의 근대를 읽는 시간'을 꾸려 가고 있다고 했다. 그 '읽기'를 통해 김남일식의 근대 문학사를 책으로 쏟아 내고 있다. 작가 김남일이 문학을 지도 삼아 탐구하는 '근대'란 과연 무엇인가!(안찬수)

『책에 대한 책에 대한 책』
금정연·김보령·김지원·노지양·서성진·서해인·심우진·양선화 지음, 편않

책의 세계 위에 발 디딘 사람들은 대개 '책에 대한 책'에도 관심이 많다. 그런 책들에 대한 이야기를 작정하고 모았다. 이 책 안에서 또 다른 책들의 목록을 정신없이 그러모으게 된다.(김수현)

『갈대 속의 영원』 이레네 바예호 지음, 이경민 옮김, 반비

책에 관한 오래되고, 깊고, 신비로운 이야기. 책에 대한 이토록 매혹적인 찬가를 다름 아닌 책으로 읽고 있다는 사실에 감동받는 순간들을 만날 수 있을 것이다.(김경영)
이 책은 오늘날 책을 쓰고, 만들고, 전하는 사람이라면 매료될 수밖에 없는 책이다. 바예호는 학자이지만 논문식 글쓰기가 아닌 이야기꾼의 목소리로 인류가 책을 발명하고 전파한 그 역사를 흥미롭게 전해 준다. 이경민 교수의 번역도 좋아서 술술 읽힌다.(안찬수)

『제법 엄숙한 얼굴』 지하련·임솔아 지음, 작가정신

임솔아는 이렇게 말한다. "내가 해야 할 일. 지하련 작가의 소설을 나의 언어로 다시 쓰는 것. 솔직히 엄두가 나지 않았다." 이 책은 그 엄두가 나지 않는 일의 결과물일 것이다. '시인 임화의 아내이자 사상적 조력자'라고 일컬어지는 지하련. 임솔아는 지하련 작가가 그 '그늘'에서 벗어나기를 바란다.(안찬수)

『돌연한 출발』 프란츠 카프카 지음, 전영애 옮김,
민음사
책 소개에 이런 말이 있다. "우리 시대는 여전히
카프카적이며, 수많은 카프카들이 카프카를
부른다." 전영애 선생은 이 책에 대해 이렇게
말했다. "주제에서나 문체에서나 카프카의
진면목이 두드러지는 글들을 가려 뽑았다."
공들여 고치고 다듬은 선집.(안찬수)

『왕국의 사료편찬관』 마엘 르누아르 지음,
김병욱 옮김, 뮤진트리
프랑스 보호령 시대가 끝나고 모로코의
새로운 시대의 도래를 배경으로 하산 2세의
사료편찬관인 한 남자의 고백을 담은 소설. 절대
권력의 맥락에서 충성심이란 무엇인지를 묻게
된다.(이현진)

『우리는 공원에 간다』 사라 스트리스베리 지음,
베아트리체 알레마냐 그림, 안미란 옮김, LOB
팬데믹으로 아이들에게 허락되지 않았던
공간, 공원에는 공허함과 자유가 동시에
깃든다. 전시장에 온 듯한 인상을 주는 밀도
있는 그림책. 그림과 글 사이 여백이 읽는 맛을
더한다.(김수현)

『내가 읽는 그림』 BGA 백그라운드아트웍스
지음, 위즈덤하우스
데일리 미술 구독 콘텐츠를 발행하는 플랫폼
BGA가 작품과 에세이를 엮어 소개한다.
미술을 자기만의 방식으로 읽어 내도록
독려한다. '한번 감상을 남겨 볼까?' 하는 마음이
들지도!(김수현)

《월간광장》 창간호 이규홍 발행
이 책은 진안군에서 발행되는 월간지다. 광고
없이, 지원 없이, 오로지 독자와 필진들의
참여로만 지역 잡지의 발행은 가능한 일일까.
《월간광장》과 같은 '실험'과 '도전'은 주목할
가치가 있다. 인구 감소, 지역 소멸이라는
면에서 진안은 우리 사회의 최첨단이다. 그
최첨단에서 들려오는 작은 목소리! 굳이 귀를
기울여야 들리는 목소리!(안찬수)

사진과 글의 교차로 보는 세월호 참사

우리는 어떻게 재난을 기억하고 말할 것인가

한 권에 담은 김연수 소설가와 홍진훤 사진가의 픽션과 논픽션

사월의눈 aprilsnow.kr

우리가 인생을 다시 살 수는 없겠지만,
다시 쓸 수는 있다. 우리는 영문도 모르는 채
인생을 한 번 살고, 그 인생에 대한 이야기를 쓰면서
얼마든지 다시 살 수 있다. 조금 더 미래로 왔기
때문에 우리에게는 더 넓은 시야가 생겼고,
그래서 우리 인생의 이야기는 조금 달라졌다.
인생의 이야기가 달라지면 과거의 내가 달라지고,
그 변화는 지금 이 순간의 나를 즉각적으로
바꿔놓는다. 그리고 그 여파는 먼 미래까지 나아간다.
다시 쓰는 일은 과거의 나를 바꾸는 게 아니라
현재의 나와 미래의 나를 바꾼다.
— 김연수, 「2014년의 일기를 2023년에 다시 쓰는 이유」 중

2016년 4월 16일 오후 3시 8분
한 생존자 학생의 인터뷰를 본 기억이 있다.
언제 친구들이 가장 생각나냐는 질문에
벚꽃을 볼 때라고 했다. 그날부터 나도 벚꽃을 보면
바다가 생각난다. 벚꽃을 많이 찍어두기로 했다.
— 홍진훤, 「플래시 백」 중

아무도 대답하지 않았다
다만 한 사람을 기억하네 (특별판)
사진. 홍진훤
글. 김연수, 홍진훤
사진 97장, 256쪽, 값 38,000원

서울 리뷰 오브 북스

Seoul
Review of
Books
2023 여름

10

발행일	2023년 6월 15일
발행인	홍성욱
편집위원	강예린, 권보드래, 김두얼, 김영민, 김홍중, 송지우
	심채경, 박진호, 박 훈, 이석재, 조문영, 홍성욱
편집장	홍성욱
책임편집	김두얼
출판PM	알렙
편집	장윤호
디자인	정재완
제작	(주)대덕문화사
발행처	(사)서울서평포럼
등록일	2020년 12월 4일
등록번호	서초, 바00195호
주소	서울시 서초구 반포대로13길 33, 3층 301호(서초동)
전자우편	seoulreviewofbooks@naver.com
웹사이트	www.seoulreviewofbooks.com
ISSN	2765-1053 32
값	15,000원

© 서울리뷰, 2023

구독 문의	seoulreviewofbooks@naver.com
정기구독	60,000원 (1년/4권) → 50,000원(17% 할인)
	자세한 사항은 QR코드를 스캔해 주세요.

광고 문의	출판, 전시, 공연 등 다양한 영역에서 서울리뷰오브북스의
	파트너가 되어 주실 분들을 찾습니다. 제휴 및 광고 문의는
	seoulreviewofbooks@naver.com로 부탁드립니다.
	단, 서울리뷰오브북스에 실리는 서평은 광고와는 무관합니다.